Philipp Haimel

W0068670

Der arge Orgy

HERRAMHOF VERLAG

Inhalt

1. That's me!

„Lauf, Orgy!" Ich spüre mein Herz klopfen. Es pocht wild. Der Schweiß rinnt mir über die Stirn. Er brennt in den Augen. „Ich denke, wir haben sie abgehängt!" Erleichterung! Meine Freunde und ich lehnen uns gegen die Hausmauer. Wir keuchen heftig. „Bist du deppert! Dieses Mal war's richtig knapp! Hab ich Angst gehabt! Dachte schon sie erwischen uns!" Es war nicht das erste Mal, dass wir Blödsinn gemacht haben.

Hi! Ich bin Georg! Alle nennen mich „Orgy", „arger Orgy" oder „Falco". Eigentlich hasse ich diese Namen! Seit der vierten Klasse Volksschule heiße ich so. Wenn mich jemand provoziert, haue ich zu. Meine harten Schläge sind gefürchtet. Irgendwie bin ich auch stolz darauf. Mit neun Jahren zog ich mit Mama ins Viertel. Kreuzbergstraße 14, Wohnblock 5A, sechster Stock. Ich mag die Gegend. Meine Mutter hingegen findet, dass es hier nicht lebenswert ist. Hey, was soll's! Das ist mein Leben! Mein Zuhause! Ich komme klar damit.

Boa eh ... Heute fängt die Schule wieder an. Die Sommerferien vergehen viel zu schnell. Keinen Bock auf Schule! Wenigstens bin ich jetzt in der letzten Klasse Mittelschule. Nach einer Ehrenrunde. Bald muss ich mir einen Job suchen! Hmm … Eigentlich habe ich keinen Plan, was ich aus meinem Leben machen soll. Whatever! Hauptsache ich verdiene dann meine eigene Kohle! Nie mehr Schule! Brechreiz! Wenn ich an Mathe denke … Mein Lehrer, Herr Heinze, nervt! Hausaufgaben sind Sch…!

„Tschüss! Ich muss los!" „Warte, mein Schatz! Du hast deine Jause vergessen!", ruft sie und läuft mir ins Treppenhaus hinterher. Meine Mama Sigrid ist ganz okay! Sie kümmert sich gut um mich, zumindest die meiste Zeit. Wenn sie nicht gerade schläft, oder die zweite Schicht in der Arbeit übernommen hat … Warum sind Erwachsene ständig müde? Das versteh ich nicht! „Nenn mich nicht Schatz in der Öffentlichkeit! Das ist mega peinlich!" Ich schnappe die Jausenbox und mach mich vom Acker. Es ist schon 7:45 Uhr! In einer Viertelstunde fängt die Schule an! Hektisch renne ich ins Freie. Axe empfängt mich vorwurfsvoll: „Hey, Alter, weißt du eigentlich, wie spät es ist?"

Alexander Paulitz ist mein Bro! Mein bester Freund. Alle nennen ihn „Axe", was er total blöd findet. Gerechtigkeit muss sein! Ich habe auch einen bescheuerten Spitznamen bekommen!

„Beruhig dich! Mach keinen Stress!"

Axe ist DER Klassenstreber. Er ist sehr gefragt, wenn es ums Abschreiben von Hausaufgaben, oder Erklären von Mathe geht. Selbst die verwöhnten Schnösel nutzen ihn aus. Ich beneide ihn wegen seiner Schlauheit! Zugeben würde ich das jedoch nie. Er möchte einmal Zahnarzt werden und richtig Kohle machen. Meine Meinung? Ich hasse Zahnärzte!

Axe ist ein Zwerg mit langen blonden Haaren. Ich ziehe gerne über ihn her! Manchmal nenne ich ihn „James Blond". Vor allem, wenn er wieder einmal eine bessere Note hat. Neid lass nach! Diese Beleidigungen lässt er nicht lange auf sich sitzen. Gegenangriff! Er verarscht mich dann wegen meiner Gelfrisur! (Info: Ich sehe aus wie der Musiker „Falco") Das Wort-Hickhack endet meist in einer Spaßrauferei. Die blutige Nase war EINE Ausnahme. Natürlich „unabsichtlich".

Es läutet! Wir fetzen ins Klassenzimmer. Durchgeschwitzt und völlig außer Atem. Verdammt! Deutsch! Fach Nummer zwei auf meiner Blacklist. Wozu Deutsch lernen? Ist doch meine Muttersprache! Wen interessiert Grammatik?

Und ... da ist sie! Wow! Pia ... Eine Gefühlswelle überrollt mich. Herzrasen, weiche Knie, nasse Hände ... Das volle Programm! Mist, ich habe das Deo vergessen!

Pia ist eine Granate: lange blonde Haare, ein schönes Gesicht und eine Wahnsinns-Figur! Alle Jungs stehen auf sie. Leider habe ich das Gefühl, dass ich Luft für sie bin. In meinen Träumen sind wir zusammen. Wir gehen Hand in Hand. Meine Lippen berühren ihre und ...

„Hauser! Hallo?" Vor mir steht die Deutschlehrerin, Frau Janko, die blöde Kuh! Sie ist der Typ Mensch, der dir keine Chance mehr gibt, wenn du es dir mit ihr einmal versaut hast. Ich rede aus Erfahrung! Mein Kaugummi am Lehrersessel war nicht so gut angekommen. Ihre Hose war ruiniert! Trotzdem, ich würde es wieder tun! Schließlich macht sie mich ständig zur Schnecke vor der gesamten Klasse.

„Erzähle uns von deinen Ferien!" Erstens: Einem Lehrer erzähle ich bestimmt keine privaten Sachen. Zweitens: Ich wurde soeben aus meinen süßen Träumen mit Pia gerissen. Drittens: Soll ich ihr etwa von dem illegalen Graffiti an der Hausmauer erzählen?

„Meine Ferien waren ganz brauchbar. Hab Zeit mit Freunden verbracht, auf der Playstation gezockt, Fußball gespielt und solche Sachen."

Dann stellt sie DIE Frage. Ich wusste es! „Und was ist mit dem Buch? Hast du es gelesen?" (Sie meint die versäumte Buchvorstellung vom letzten Jahr)

Über den weiteren Verlauf der Stunde möchte ich nicht reden ...

Beim Verlassen des Schulgebäudes geht Pia an mir vorbei. Meine Schulter berührt ganz „zufällig" ihre. Und da sind wieder: gefühlte 10.000 Volt! Mann, ich würde alles dafür geben, mit ihr zusammen zu sein! Wie soll ich sie ansprechen? Warum ignoriert sie mich? Gefalle ich ihr nicht?

2. Stau um drei

Heute ist der 15. September. Es ist unglaublich heiß. Gut, dass ich die kurze Hose angezogen habe. Sonst hätte ich alle Zustände bekommen. Ich ziehe meinen schwarzen Hoodie aus. Plötzlich boxt mir jemand in den Magen. „Aua! Was zum Geier ..." Vor mir steht Basti, Sebastian Gruber, mein zweitbester Freund. Manchmal nennen wir ihn auch „Spasti". Er ist eine Klasse unter mir. „Hey, Falco, hast du heute schon was vor?"

„Weiß nicht. Zocken mit Axe vielleicht."

„Ich hätte da eine bessere Idee! Stau um drei!" Er versucht mich gerade zu überreden, mit unserer Clique zum Stausee zu fahren (Codewort STAU). Wir springen dort ab und zu von der Breitenbachbrücke. Nur um das klarzustellen: Die Brücke ist ungefähr zehn Meter hoch! Der Sprung muss an der richtigen Stelle gemacht werden. Sonst endet er tödlich! Der Jump ist eine kleine Mutprobe unter uns. Um ehrlich zu sein, mache ich mir jedes Mal fast in die Hose. Kneifen kann ich mir aber nicht leisten. Weicheier haben in unserer Clique nichts verloren. Wir sind die harten Jungs aus dem Viertel. Meine Mama weiß nicht, dass ich öfters springe. Ist auch besser so.

„Geht klar. Ich rede noch mit Axe. Vielleicht kann ich ihn überreden." Wenn man vom Teufel spricht ... Ich beobachte ihn, wie er Pia hinterherschaut, die soeben in den Bus einsteigt. „Hey, du Spanner! Bist du heute dabei? Stau um drei?", frage ich ihn und grinse blöd.

„Was schaust du so deppert?", möchte Axe wissen. Er versucht, mir auf die Schulter zu boxen. Im letzten Moment kann ich noch ausweichen. „Puh!

Mir gehen zu Hause schon langsam die Ausreden aus."

„Sag einfach, du bist bei mir. Das zieht immer." Ein paar Überredungsversuche später ist Axe schließlich doch dabei. In Wahrheit will er sich ständig drücken. Beim letzten Mal kotzte er vor dem Sprung. Er schob es auf die Pizza. Keiner kaufte ihm das ab. Bei Mutproben steht Axe auf der Bremse. Letztendlich macht er doch mit. Er hat zwei Seiten: eine vernünftige und eine kriminelle.

„Okay, ich bin um halb drei bei dir. Bis dann, Orgy!"

„Man sieht sich!" Ich werde Mama sagen, dass ich mit Basti und Axe um die Häuser ziehe.

„Hallo, mein Schatz!", begrüßt mich Mama. Tausendmal habe ich ihr schon erklärt, dass ich das nicht ausstehen kann. „Hi. Was gibt's zum Essen?" YES! Kaiserschmarrn mit Zwetschkenröster. I love it! Seit ich denken kann, liebe ich diese süße Speise. „Thanks, Mama!"

„Georg, wir essen heute nicht allein." Auf dem Tisch sind drei Teller.

„Na super! Schon wieder ein Neuer."

„Bitte, sei nett zu Thomas!"

„Wieso erfahre ich das erst jetzt! Ich hab keinen Bock auf den Typ!"

„Bitte, gib ihm eine Chance!"

Mir reicht's. Ich laufe aus der Wohnung und knalle die Tür zu. Alter, ich könnte vor Wut alles kurz und klein schlagen! Ich drehe durch!!! Immer wieder derselbe Scheiß! Der letzte Lover hat mich wie Dreck behandelt. Ich war nur Luft für Bernd. Der ging mir so was von auf die Nerven! Gott sei Dank war die Sache bald abgehakt. Mama hat ihn Hand in Hand mit einer anderen gesehen. Für mich war es DIE Lösung des Problems. Für Mama ein Albtraum. Für zwei Tage hat sie ihr Schlafzimmer nicht verlassen. Ich konnte sie nicht einmal mit ihren Lieblingspralinen beruhigen.

Ich gehe zum Wohnblock 5C. Dort wohnt Axe mit seiner Mutter und seinem zehnjährigen Bruder. Felix ist okay. Allerdings weniger schlau als Axe. Er hängt mit den falschen Leuten im Viertel ab. Neulich habe ich Felix beim Rauchen gesehen. Ich habe ihn ignoriert. Ist seine Sache.

Axe wohnt im dritten Stock. Ich gehe die Treppen hoch und läute an. Felix öffnet die Tür. Ohne mich zu begrüßen, ruft er: „Axe! Orgy!" Er dreht sich um und lässt mich alleine stehen. Typisch. „Hi! Hatten wir nicht um halb drei ausgemacht?"

„Hab Stress zu Hause."

„Okay, komm rein."

Ich erzähle ihm von Thomas. Axe schüttelt den Kopf. „Scheiß drauf! Komm, wir zocken eine Runde!" Er wirft die Playstation an.

Eineinhalb Stunden später machen wir uns mit dem Rad auf den Weg. Ich sitze auf dem Gepäckträger. Axe hat mir seine schwarze Ersatzbadehose geliehen. Meine Lieblingsfarbe. Ist Schwarz überhaupt eine Farbe? Ich habe gehört, dass Schwarz und Weiß keine Farben sind. Whatever! Mist! Ich habe mein Handy zuhause vergessen. Egal ...

Wir erreichen die Breitenbachbrücke. Axe checkt die Zeit auf seinem Handy: „14:45 Uhr. Wir sind pünktlich." Er ist immer überpünktlich. Das ist ein Markenzeichen von ihm. Scheiß Sonne! Ich hasse die Hitze! Der nächste Sonnenbrand ist vorprogrammiert. Axe labert die ganze Zeit. Ich höre ihm nicht zu, weil ich an Mama denke. Wahrscheinlich macht sie sich wieder Sorgen um mich. Hätte ich doch bleiben sollen?

„Hi, zusammen!", schallt es durch die Luft. Basti und Raffael radeln auf uns zu. Sie ziehen mit ihren Bikes eine Bremsspur auf der Schotterstraße. Raffael Sturmberger ist der Vierte in unserer Clique. Wir nennen ihn „Sturmi". Er ist fünfzehn. Seine dichten Haare sind seitlich kurz rasiert, oben etwas länger, mit viel Gel aufgestellt. Er ist so etwas wie unser Anführer und die treibende Kraft, wenn es um Mutproben geht. Auf seinen Oberlippenbart und die tiefe Stimme ist er stolz. Raffael ist vor ungefähr drei Jahren ins Viertel gezogen.

„Jetzt sind wir vollzählig", erklärt er und schmeißt lässig sein Rad zur Seite. „Ich brauch jetzt dringend eine Abkühlung! Was ist mit euch? Seid ihr dabei?", fragt Raffael und lacht gekünstelt. Ich kenne diesen Lacher nur zu gut. Das macht er jedes Mal, bevor wir irgendetwas Verbotenes machen.

„Ja, klar!", antworte ich cool. Wir gehen zusammen über die Brücke zur besagten Stelle, wo der Sprung tödlich ist. „Du fängst an, James Blond!", fordert der Anführer. Axe wird kreidebleich. Ganz ehrlich. Wenn man so runterschaut von dem Geländer der Brücke ... Also gewöhnen kann man sich nicht an diesen Anblick. Mein Herz beginnt zu rasen. Meine Hände sind feucht. Ob Axe es schaffen wird?

3. Wo ist Orgy?

Sigrid ist besorgt. Sie hat Angst um Orgy. Inzwischen ist Thomas eingetroffen. Er versucht sie zu beruhigen, aber es fehlen ihm die richtigen Worte.

Sigrid bemerkte das Handy in der Schultasche, nachdem es bei ihrem Anruf zu vibrieren begonnen hatte. Sofort rief sie Axes, Bastis und Raffaels Mütter an. Leider konnte ihr keine weiterhelfen, da alle Burschen bezüglich des Aufenthaltsortes gelogen hatten.

Nach langem Hin und Her entschließt sie sich, Orgy zu suchen ...

„Was ist jetzt, du kleiner Hosenscheißer! Spring doch!", brüllt Raffael und deutet an, dass er ihn gleich schubsen wird. Axe zittert am ganzen Körper. Da muss er selber durch. Ich kann ihn nicht in Schutz nehmen, sonst würde er sein Gesicht vor den anderen verlieren. Mit einem sehr lauten, schrillen „F***!!!" stürzt er sich dann doch in die Tiefe. Platsch!

„So, und jetzt du, Falco!" Nicht nachdenken! Nicht nachdenken! Ich versuche, meine Angst zu unterdrücken. Auf das Geländer und ... Platsch! Beim Eintauchen ins Wasser brennen meine Fußsohlen und mein Rücken wie Feuer. Ich bin schief ins Wasser eingetaucht. Am Flussufer sehe ich

Axe sitzen. Er hält sich den Arm. Ich schwimme zu ihm und höre ihn wimmern.

„Was ist los, Bro?", frage ich.

„Ich glaube, ich hab mir den Arm gebrochen."

„Ist das überhaupt möglich, wenn man ins Wasser springt?"

„Ich denke schon. Ah, tut das weh!"

Im Augenwinkel erkenne ich Basti, der gerade ins Wasser eintaucht. „Hey, ihr da unten!", trällert Raffael. „Passt auf! Jetzt könnt ihr was lernen!"

Wir blicken nach oben. Ich wundere mich: Was hat er bloß vor??? Hoffentlich macht er keinen Unsinn! Raffael, der Draufgänger, stürzt sich kopfüber von der Brücke! Ich kann gar nicht hinsehen! Platsch!

„Alter, hat der tatsächlich einen Kopfsprung gemacht?", ruft Basti. „Ich glaub's nicht!"

„Na, was sagt ihr jetzt, ihr Loser?", gibt Raffael an, während er zum Flussufer schwimmt. „Bist du deppert! Das war geil!", fährt er fort und lacht komisch.

Axe steht auf und verlautbart: „Ich fahr nach Hause!" Er hält sich schmerzverzerrt den Arm. „Ich begleite dich", biete ich ihm an. Wir gehen gemeinsam hinauf zur Brücke.

„Sehen wir uns morgen?", ruft Raffael uns hinterher.

„Mal schauen", antworte ich. Oben angekommen nehme ich Axes Fahrrad. Wir gehen langsam in Richtung Viertel. „Heute hat der Sturmi total übertrieben. Das war gefährlich. Er hätte draufgehen können", sagt Axe mit einem sauren Unterton.

„Ja, da gebe ich dir recht. Aber jetzt müssen wir zuerst mal schauen, wie wir das mit dem verletzten Arm deiner Mum erklären."

Axes Bike stellen wir vor die Eingangstür. Wir latschen gemächlich über das Treppenhaus hoch in den dritten Stock. „Lass mich reden", meint Axe und öffnet die Wohnungstür.

„Wo wart ihr so lange? Georgs Mutter hat besorgt angerufen! Ich dachte, ihr seid bei Basti zu Hause? Aber seine Mutter hat mir etwas anderes erzählt!", schimpft Axes Mama.

„Ich kann alles erklären", sagt Axe und versucht, seinen verletzten Arm zu verbergen. „Wir waren im Freibad."

„Und warum hast du daraus so ein Geheimnis gemacht?"

„Keine Ahnung."

„Was ist mit deinem Arm passiert?"

„Ich bin ausgerutscht am Beckenrand. Ich denke er ist gebrochen."

„Wir werden ins Krankenhaus fahren. Der Arm sollte untersucht werden! Und du, Georg, gehst nach Hause! Deine Mutter macht sich Sorgen um dich."

„Ja, okay", antworte ich. „Axe, ich wünsch dir alles Gute. Meld dich!"

Was mache ich jetzt? Soll ich nach Hause gehen oder lieber abhauen? Naja, abhauen traue ich mich nicht. Wohin sollte ich schon gehen?

Zuhause angekommen, ist meine Mama nicht da. Am Tisch steht noch der Kaiserschmarrn, den ich gierig hinunterschlinge. Es ist fünf Uhr nachmittags, und das ist meine erste Mahlzeit an diesem Tag. Frühstücken tue ich nie. So gegen sechs höre ich, wie die Wohnungstür aufgeht.

„Georg, da bist du ja!" Mamas Gesicht sieht verweint aus. „Ich habe mir solche Sorgen um dich gemacht! Wo warst du?"

„Ich war im Schwimmbad mit den Jungs."

„Wieso bist du davongelaufen, mein Schatz?"

„Ich weiß nicht. Lass mich einfach in Ruhe. Es ist ja nichts passiert."

In letzter Zeit geschehen merkwürdige Dinge in mir. Auf der einen Seite möchte ich freundlich mit Mama reden, andererseits kommen immer nur harte Worte aus meinem Mund. Seltsam, ich kann mir das nicht erklären.

Den ganzen Abend geht es dann so dahin: Meine Mama sagt mir mindestens zwanzigmal, dass sie mich lieb hat. Sie will meine Wange küssen. Da weiche ich schnell aus. Das ist mir so was von unangenehm! Ich bin raus aus dem Alter!

Axe meldet sich an diesem Tag nicht mehr bei mir.

4. Voll in die Fresse!

Der Wecker läutet. 6:15 Uhr! Für mich ist das Aufstehen eine Qual. Am liebsten schlafe ich bis Mittag und bleibe am Abend länger munter. Das mag ich an den Sommerferien: Es ist egal, wie lange man pennt.

Ich rolle aus dem Bett, schleiche ins Bad, putze die Zähne und schlüpfe in den schwarzen Hoodie. Meine Lieblingshose, die blaue Bermuda, ist in der Wäsche. Das ist ätzend! Wenn's sein muss, bitte! Rasch noch in die Schuhe, Schultasche umgehängt. Ab geht's. Wie fast jeden Morgen vergesse ich meine Jause. Zum Glück denkt Mama für mich mit. Sie schreit mir hinterher und bringt mir die Jausenbox. Unten vor der Eingangstür wartet Axe, der nervös hin- und herzappelt.

„Mann, wo bleibst du?"

„Chill mal! Hey, was hast du da?" „Ich habe eine Schiene bekommen. Der Arm ist übel verstaucht. Tut irre weh!", jammert Axe und hält sich den Arm.

Mit dem Läuten schaffen wir es noch rechtzeitig in den Unterricht. Unglücklicherweise startet der Tag mit Mathe. Oh, Mann! Ich hasse es! Aber noch mehr Herrn Heinze! Irgendwie hat der sich auf mich eingeschossen!

„Hauser, an die Tafel!", ruft er und winkt in meine Richtung. „Schreib die Formeln zur Berechnung der Fläche an die Tafel!"

Stopp! Weitere Details möchte ich an dieser Stelle nicht erläutern. Solche Stunden verdränge ich.

Das Beste an diesem Schultag, so wie an jedem anderen auch: PIA! Dieses Mädchen elektrisiert mich dermaßen, dass ich nicht mehr klar denken kann. Sie geht in die Parallelklasse. Leider! In den Pausen und nach der Schule kann ich meine Augen nicht von ihr abwenden. Ich hoffe, ich kann sie heute noch rein „zufällig" berühren. Ein Foto von ihr auf meinem Handy wäre der Hammer. Dann könnte ich sie immer ansehen, so oft ich will. Bis jetzt hat sich noch kein Mädchen für mich interessiert.

Während ich so vor mich dahin träume, spüre ich einen Rempler von hinten. „Pass doch auf, du Versager!", schreit mich irgend so ein Idiot an. Ich drehe mich. Vor mir steht Richard, den alle „Richie Rich" nennen. „Rich" heißt reich, und das trifft hundertpro auf ihn zu. Er hat immer das neueste Handy, jede Menge Markenklamotten, die neuesten Playstationspiele und sein Vater fährt einen BMW.

„Selber Versager! Du hast mich zuerst geschubst. Pass besser auf, oder ich polier dir deine hässliche Visage!"

Was dann geschieht ist nicht schön. Zehn Minuten später sitzen wir beide im Direktorat und bekommen eine Moralpredigt. Der Direktor droht uns sogar mit Schulverweis. Vor allem mir, weil das nicht meine erste Schlägerei war. Auch unsere Eltern werden dazugeholt. Meine Mama versucht den Schulleiter davon zu überzeugen, dass ich mich bessern werde und so. Ich weiß nicht warum, aber wenn mich einer blöd anmacht, dann muss ich zuschlagen. In diesem Punkt habe ich mich nicht im Griff.

Schlussendlich geben Richie Rich und ich uns die Hand, entschuldigen uns und gehen nach Hause.

„Es macht mich traurig, dass du Probleme immer mit Gewalt löst, Georg", redet Mama auf mich ein. „Ich weiß nicht, wie ich dir helfen soll. Vielleicht holen wir uns Hilfe."

Sie meint einen Therapeuten, mit dem ich reden soll. Was soll ich dem erzählen? Was will der von mir hören? Dass sich mein Vater nicht um mich schert? Dass ich ihn seit meinem dritten Lebensjahr nicht mehr gesehen habe? Dass ich unglücklich verliebt bin? Dass ich Geheimnisse vor meiner Mama habe? Oder dass ich mit der Schule nicht klarkomme? Nein, danke! Der kann mir nicht helfen. Bestimmt nicht!

Mama verarztet mein geschwollenes Auge. Wird in den nächsten Tagen blau werden. Sieht mit Sicherheit cool aus! Das Veilchen lässt mich tough aussehen!

Eine Stunde später läutet mein Handy. Axe ist dran: „Hi, Orgy! Hab von deiner Schlägerei mit Richie Rich gehört. Du hast ihm ordentlich die Fresse poliert. Haha."

„Ja, das nächste Mal flieg ich von der Schule, hat der Direktor gemeint. Hey, komm doch vorbei. Lass uns gemeinsam eine Runde zocken."

„Geht klar. Bis dann."

Axe und ich zocken jetzt schon seit drei Stunden. Er hat gegen mich keine Chance. Wir spielen am liebsten Ballerspiele. Das entspannt uns.

„Axe, ich hab Lust, die anderen Jungs zu treffen. Wie schaut's aus?"

„Okay, ich ruf mal Basti an." Axe vereinbart mit Basti, dass wir uns bei der Tiefgarage treffen.

5. Butterfly

Als wir ankommen, sehen wir von Weitem Basti und Raffael, der irgendetwas silbrig Glänzendes in der Hand hält. Damit fuchtelt er wild umher. Erst bei genauerer Betrachtung bemerkt Axe, dass es sich um ein Messer handelt.

„Das ist so geil, Alter! Ich hab von meinem Bruder dieses Butterfly geschenkt bekommen."

„Ich dachte er ist noch im Knast?"

„Nein, er ist vor einer Woche rausgekommen. Eingraviert auf dem Messer steht: ACAB."

Raffaels ältester Bruder Adrian war nicht zum ersten Mal im Gefängnis.

Angefangen hatte alles vor sieben Jahren mit einem Überfall auf eine Trafik im Nachbarviertel. Er und sein Freund, der ihn dazu überredet hatte, wurden kurz nach der Tat erwischt. Eine Polizeistreife war zufällig in der Nähe gewesen. Der Richter gab ihnen altersbedingt nur ein paar Monate Haft, inklusive Sozialarbeit. Und das alles für lächerliche 600 Euro. Ein halbes Jahr später hatte Adrian eine Schlägerei. Er verletzte seinen Erzfeind mit einem Messer schwer und musste dafür drei Jahre in den Bau.

„ACAB. All cops are bastards", erklärt uns Basti und spielt sich mit dem Messer.

„Pass auf, das Ding ist sauscharf!" Raffael zeigt uns seine Schnittwunde am Zeigefinger. „Ich hab so Bock drauf, irgendeinen Scheiß mit dem Butterfly zu machen ... Reifen aufschlitzen oder so."

Axe verdreht die Augen und meint: „Bist du bescheuert? Wenn uns da jemand sieht, sind wir geliefert!"

„Mach dir nicht immer gleich in die Hose, James Blond! Ich hab schon einen Plan. Da kann nichts schiefgehen. Glaub mir!"

Die nächsten Minuten erläutert uns der selbsternannte Anführer seinen Schlachtplan. Lange Rede, kurzer Sinn: Einer steht Schmiere vor der Einfahrt der Tiefgarage, die anderen bei den Zugangstüren innen. Und Raffael sucht sich ein Auto aus und zieht sein Ding durch.

„Ich weiß auch schon welches Auto ich mir vornehme", lacht Raffael auf seine gewohnt komische Art. „Den Mercedes vom Ramskogler, dem alten Sack! Der hat's verdient! Geht auf eure Position! Ihr kennt das Geheimzeichen."

Er meint damit das simulierte Hundegebell, das wir uns vor langer Zeit einmal als Warnruf ausgedacht hatten. Meine Position ist die Zugangstür zu den Wohnblöcken, direkt in der Garage. Raffael schleicht ins unterirdische Gebäude und für eine gefühlte Ewigkeit gibt er kein Lebenszeichen von sich. Jetzt höre ich leises Zischen. Das muss die ausströmende Luft vom Reifen sein. Plötzlich vernehme ich laute Schreie aus der Tiefgarage. Sie sind nicht von Raffael! „Scheiße, der Ramskogler!" So schnell ich kann laufe ich weg. Vor mir rennen Axe und Basti, die ebenfalls in Fullspeed flüchten. Wie ausgemacht treffen wir uns beim Tunnel in der Dr.-Auer-Straße.

„Wo ist der Sturmi?"

„Ich hab keine Ahnung, Mann."

„Hoffentlich hat ihn der Ramskogler nicht erwischt."

„Wie konnte das passieren? Wir sind doch Schmiere gestanden?"

„Wahrscheinlich ist der Alte vorher schon in seinem Zweitwagen gesessen und der Sturmi hat ihn nicht bemerkt. Mist! Was machen wir jetzt?"

„Wir müssen zur Garage zurück und Sturmi helfen."

Vorsichtig nähern wir uns dem Tatort. Aus der Garage hören wir verzweifelte Hilfeschreie. Die Stimme ist aber nicht von Raffael.

„Schreit da der Ramskogler um Hilfe?"

„Lasst uns lieber abhauen!"

Die Jungs und ich machen uns vom Acker, weil wir nicht in Schwierigkeiten geraten wollen. Das schlechte Gewissen plagt mich. Was ist, wenn der Ramskogler wirklich in Not ist? Was ist da eigentlich passiert? Und wo ist Raffael?

6. Schlechtes Gewissen

Nach einer kurzen Krisenbesprechung trennen wir uns. Keiner weiß etwas, keiner war dabei, niemand verpfeift den anderen. Wir halten dicht. So wie wir es immer getan haben. Bei jedem Blödsinn sind wir bis heute ohne Probleme davongekommen. Auch bei der Aktion am letzten Sommerferientag. Ich sage nur eines: Feuer! Adrenalin pur!

Das war so: Raffael hatte an diesem Tag seine Zigaretten mitgenommen.

Mit einer Mutprobe wollte er die Ferien offiziell beenden. Dabei ging es um den Papier-Container, der in der Bertelmann Allee steht. Den wollte er anzünden und die Feuerwehr beim Löschen beobachten. Um den Brand noch etwas spektakulärer zu gestalten, hatte Raffael den Einfall, dem Hausmeister den Benzinkanister zu klauen. Das machten wir. So gegen 10:00 Uhr abends schlichen wir zum Container, gingen auf unsere Positionen, also Schmiere stehen. Nach dem vierten „Hundegebell" schüttete Raffael den gesamten Inhalt des Kanisters über das Papier. Beim Anzünden des Feuers machte es „Wusch!" und die Flammen schossen in die Höhe! Kurz darauf war die Feuerwehr da und löschte. Noch lange Zeit danach war unsere Aktion DAS Gespräch in unserem Viertel. Der Fall wurde nie geklärt.

Mama empfängt mich mit einem vorwurfsvollen „Wo warst du so lange?". Ohne darauf zu reagieren, gehe ich in mein Zimmer. Ich möchte alleine sein.

Die anklagende Stimme meines Gewissens ist ohrenbetäubend. Am besten übertöne ich sie mit etwas Lautem. Meine Lieblingsband „The dark knights" ertönt in meinem Zimmer. Mama höre ich im Hintergrund rufen. Sie fordert mich auf, die Musik leiser zu drehen. Immer und immer wieder kommt mir der Hilferuf vom Ramskogler in den Sinn. War es falsch, nichts zu tun?

Am nächsten Tag treffe ich Basti am Weg zur Schule. Axe ist heute nicht da. Keine Ahnung wieso.

„Hast du was von Sturmi gehört?"

„Nein, aber der kommt schon klar. Es ist bestimmt alles okay."

Während wir so weiterreden, spüre ich von hinten einen Schlag auf die Schulter. Erbost drehe ich mich um und dreimal dürft ihr raten, wer mich geboxt hat? Raffael!

„Hey, ihr Zwei! Wo seid ihr gestern alle gewesen? Ich hab euch im ganzen Viertel gesucht!"

„Wir sind abgehauen, Mann. Der Ramskogler hat um Hilfe gerufen. Da dachten wir, es wäre besser abzubiegen. Was ist eigentlich passiert in der Garage?"

„Tja, der Alte hat mich auf frischer Tat erwischt. Er hat mich angeschrien und mich am Arm gepackt. Dann ging alles ganz schnell. Mit dem Messer ... naja, seinen Oberarm hat es erwischt. Da war überall Blut und ich bin so schnell ich konnte davongelaufen. Ich wollte das gar nicht. Wie gesagt, die ganze Situation, die Panik, ich ..."

Zum ersten Mal, seit ich Raffael kenne, wirkt er verängstigt.

„Der Ramskogler hat dich gesehen. Er wird dich bei der Polizei verpfeifen. Du musst dich stellen!"

„Nur über meine Leiche! Mein Bruder hat mir erzählt, wie es im Knast zugeht. Dort will ich nicht hin! Niemals! Ich werd abhauen. Noch heute Nacht! Und ihr seid dabei! Wir halten immer zusammen!"

Basti und ich schauen uns gegenseitig an. Was sollen wir darauf antworten?

7. Auf der Flucht

Den ganzen Vormittag beschäftigt mich nur ein Gedanke. Vom Unterricht bekomme ich so gut wie nichts mit. Flüchten? Wohin? Was soll das bringen? Komme ich dann auch ins Gefängnis? Warum muss ich bei der Flucht dabei sein? Habe ich etwa den Ramskogler aufgeschlitzt?

Die quälenden Fragen in meinem Kopf hören einfach nicht auf. Im Gegenteil. Sie werden schlimmer. Ich fühle mich extrem unter Druck gesetzt, kurz vor der Explosion. Angst, aber auch ein seltsames Gefühl von Abenteuerlust durchfährt meine Magengegend. In der Pause laufe ich aufs Klo. Zweimal muss ich mich übergeben.

Nach der Schule passt mich Raffael an der Straßenkreuzung ab: „Heute Nacht um 10:00 Uhr. Treffpunkt Tunnel. Nimm nur das Nötigste mit. Kratz alles Geld zusammen, das du hast. Wir werden es brauchen."

Mit diesen knappen Worten lässt er mich alleine stehen. Man sieht ihm seine Nervosität an. Offensichtlich vermutet er, von der Polizei bereits gesucht zu werden.

Total gedankenverloren öffne ich unsere Wohnungstür und Mama bemerkt sofort, dass mit mir irgendetwas nicht stimmt. Ich spiele die Situation natürlich runter und gehe in mein Zimmer, wo ich überlege, welche Gegenstände ich für die Flucht brauche. Ob Basti und Axe auch mitkommen? In meinem Geheimfach liegt gespartes Geld. Ich zähle die Scheine und stelle fest: Viel Kohle ist es nicht gerade. Hoffentlich bringen die anderen mehr mit! Nicht einmal 200 Euro habe ich in einem

Jahr zusammensparen können. Eigentlich wollte ich mit dem Geld Klamotten und Playstationspiele kaufen. Vom Rest ein Geburtstagsgeschenk für Mama. Aus diesem Vorhaben wird nun nichts werden. Aber so ist das in einer Clique: Einer für alle und alle für einen! Wie bei den Musketieren. Die anderen Jungs würden dasselbe für mich tun. Glaube ich zumindest. Je länger ich über die Flucht nachdenke, desto mehr kann ich mich mit dem Gedanken anfreunden, einfach mal alles hinter mir zu lassen. Pia, Thomas, Herrn Heinze und Co.

21:30 Uhr. Ich schleiche an Mama vorbei, die beim Fernsehen auf der Couch eingeschlafen ist. Behutsam schließe ich die Tür hinter mir. Mein Rucksack ist mega schwer. Kein Wunder bei der Menge an Dingen, die ich hineingestopft habe. In der Dämmerung spaziere ich in Richtung Tunnel. Ich drehe mich noch einmal um und schaue auf unseren Wohnblock. Mama, es tut mir leid, denke ich mir. Bestimmt wird sie morgen früh meinen Brief am Küchentisch lesen und in Tränen ausbrechen. Mama ist der einzige Haken an der Flucht.

Am Tunnel angekommen erkenne ich im Dunkeln Axe, Basti und Raffael. Sie sind wirklich alle erschienen! „Hallo Jungs!"

„Orgy, ich dachte schon du kneifst!", höre ich Raffael mit seiner tiefen Stimme flüstern.

„Wie sieht eigentlich dein Plan aus?"

„Okay, passt auf!", erklärt er bestimmt. „Wir machen das so ..."

Am nächsten Morgen wacht Sigrid auf und findet die Nachricht ihres Sohnes auf dem Küchentisch:

Liebe Mama!
Raffael hat Mist gebaut. Die Jungs und ich werden ihn auf seiner Flucht begleiten. Bitte mach dir keine Sorgen. Wenn sich die Lage beruhigt hat, komme ich wieder nach Hause. Versprochen! Ich bin schon alt genug, um zu wissen was ich tue.

8. Los geht's

Es ist 22:15 Uhr und Raffael hat uns seinen Fluchtplan im Detail erklärt. Ich muss ehrlich zugeben, der Plan ist nicht schlecht. Gut durchdacht! Ungefähr einen Fußmarsch von 15 Minuten entfernt, befindet sich der Hauptbahnhof unserer Stadt. Dort wird unsere Reise beginnen. Raffael hat genau recherchiert, wann und wo der Zug ein- und abfährt. Es ist ein Güterzug. „Dieser ist's", sagt Raffael und zeigt auf den Waggon mit der Nummer 13.

Vorsichtig nähern wir uns, geschützt von der Dämmerung. Ich merke, dass meine Achseln ekelig nass geschwitzt sind vor Aufregung. Züge besprühen hatten wir in der Vergangenheit schon gemacht, aber als blinde Passagiere mit dem Zug zu fahren, das ist neu. Mit etwas Mühe schaffen wir es, in den Waggon einzusteigen. Im Inneren befinden sich Dutzende Holzboxen, mit allen möglichen Aufschriften. Gemeinsam verstecken wir uns hinter einer Box.

„Geil! Das wollte ich immer schon mal machen. Ich kenne so etwas nur von Filmen. Jetzt ist es wirklich passiert!", schwärmt unser Anführer und schlägt Axe zum Spaß auf den verletzten Arm.

„Aua! Pass doch auf!", wehrt sich Axe, der die ganze Zeit noch keinen Satz von sich gegeben hat. Ich kenne Axe schon lange und weiß genau, wann er sich nicht gut fühlt. Das ist einer dieser Momente, wo er sich fast übergeben muss. Ich spüre seine Angst, seine Unsicherheit. Im Grunde genommen verabscheut er unser Vorhaben, ist aber aus Loyalität mitgekommen.

„Ich hab Tschick dabei! Wer will eine?", möchte Basti wissen. Jeder, ausgenommen Axe, nimmt eine. Mittlerweile ist der Zug abgefahren. Raffael öffnet eine Seitentür, steckt den Kopf raus. Er lässt einen Freudenschrei los. Offenbar hat er richtig Spaß an der Aktion und versucht, uns alle davon zu überzeugen. Immer wieder redet er davon, wie cool das Ganze ist. Das Abgefahrenste, was wir jemals gemeinsam durchgezogen haben. Basti und ich müssen lachen, weil Raffael beim zweiten Mal Kopfraushalten seine Baseballkappe verliert. Er flucht und schlägt mit der Faust gegen eine Holzbox, was er unmittelbar danach bitter bereut. Vor Schmerzen wimmernd hält er sich die Hand. So ist er nun mal, unser Anführer. Die Zigaretten sind ausgeraucht und ich schlage den Jungs vor, noch einen kleinen Happen zu essen. Jeder holt seine Essensvorräte aus dem Rucksack und wir teilen sie auf.

„Und, wie viel Kohle habt ihr mitgenommen?", möchte Axe wissen. Nachdem er unsere Scheine zusammengezählt hat meint Axe überrascht: „Insgesamt 1.150 Euro!"

„Ich habe einiges zusammengespart in den letzten Jahren", erklärt Basti stolz und erwähnt, dass er sechs Hunderter beigesteuert hat.

Die nächste Stunde reden wir über Gott und die Welt. Ich merke wie mich Müdigkeit überkommt. Ein Blick auf die Armbanduhr verrät, dass es schon kurz nach eins ist. Der Zug rattert im Rhythmus über die Gleise. Das Geräusch macht noch müder.

9. Tauchgang

In der Tageszeitung steht ein Artikel über die Tat in der Tiefgarage. Herr Ramskogler wurde im Krankenhaus zu dem Vorfall interviewt:

„Ein Jugendlicher hat die Reifen meines Wagens aufgeschlitzt. Ich war zur Tatzeit zufällig in der Nähe. Ich wollte den Täter zur Rede stellen und hielt ihn am Arm fest. Plötzlich stach er mit einem Messer zu. Dabei fügte mir der Jugendliche tiefe Schnittverletzungen am Oberarm zu. Er flüchtete und ließ mich verletzt am Boden liegen." Herr R. konnte der Polizei eine genaue Täterbeschreibung liefern. Somit konnte der Flüchtige schnell identifiziert werden. Es handelt sich um den 15-jährigen Raffael S. Die Fahndung nach dem Täter läuft auf Hochtouren. Die Polizei bittet um Mithilfe und stuft den Jugendlichen als gefährlich ein.

Das Bild von Raffael S. ist in der Zeitung abgebildet.

Sigrid macht sich Sorgen. Große Sorgen! Sie ist ganz und gar nicht der Meinung, dass ihr Sohn alt genug ist, um zu wissen, was er tut. Gemeinsam mit Bastis, Axes und Raffaels Eltern ist sie sich einig: Sie werden mit der Polizei kooperieren. Orgy ist der Einzige der vier Abgängigen, der vor der Flucht eine Nachricht hinterlassen hat.

Früh am Morgen wache ich auf. Allerdings nicht freiwillig. Raffael schüttelt mich. „Steh auf! Wir sind da. Komm! Beeil dich, Alter!" Die anderen sind schon am Abspringen bei der offenen Waggontür. „Wir müssen kurz vor dem Stopp raus, damit uns keiner entdeckt", erklärt uns Raffael und fuchtelt nervös mit seinen Händen. Gesagt, getan. Nach dem Absprung laufen wir schnell weg von den Gleisen. Völlig benebelt und noch schlaftrunken stolpere ich durch die Gegend. Um ein Haar wäre ich gestürzt. Axe kann mich rechtzeitig auffangen. Im Augenwinkel erkenne ich das Schild am Eingang: Bahnhof Steyr. Das Ziel ist erreicht! Erschöpft machen wir eine Pause auf einer Bank in der Bushaltestelle, die sich neben dem Bahnhof befindet. Essen ist mein erster Gedanke. „Wer von euch hat Kohldampf?" Ich habe Riesenhunger und schlinge meine Wurstsemmel runter. Die anderen tun es mir gleich. Müdigkeit ist uns allen ins Gesicht geschrieben.

„Wie geht's jetzt weiter?", möchte Axe wissen und beißt ein großes Stück von seiner Semmel ab.

„Lass dich überraschen, James Blond! Alles im grünen Bereich!" Basti wechselt das Thema: „Ob die Cops uns suchen? Und was ist, wenn der Ramskogler draufgegangen ist?"

„Blödsinn! Das war nur ein Kratzer, Spasti! Mach dir nicht ins Hemd!"

„Ich werde uns eine Zeitung besorgen. Vielleicht steht da was über uns drin", beschließt Axe. Er bekommt breite Zustimmung. „Wartet hier!"

Fünf Minuten später kommt er zurück mit einer Zeitung in der Hand. Gespannt blättern wir durch. „Da! Da steht was!", kreischt Basti mir ins Ohr. Und tatsächlich! Die Zeitung berichtet von einem jugendlichen Messerstecher auf der Flucht. Und sogar ein Foto von Raffael ist abgebildet. Raffael schluckt und meint nervös: „F***! Ich muss was an meinem Look ändern. Lange Haare könnte ich abschneiden. Aber sie sind kurz ..."

„Auf jeden Fall solltest du dir die Kapuze über den Kopf ziehen!"

„Wir müssen weg. Kommt!"

In diesem Moment fährt ein Polizeiauto vorbei. Raffael dreht sich flink zur Seite. Ich schaue auf den Boden.

„Das war knapp!"

Sigrid kann die ganze Nacht kein Auge zu tun. Stets muss sie an ihren Sohn denken. Ob es ihm gut geht? Hat er Angst? Ist es ihre Schuld, dass Orgy abgehauen ist? Was hat sie bloß falsch gemacht in der Erziehung? Sie weint immerzu. Thomas versucht, sie zu trösten. Die Polizei war zuvor da und hatte sie wegen Orgy befragt.

Raffael führt uns zu der Stelle in Steyr, wo zwei Flüsse ineinander münden. Die Enns in die Steyr. Ist echt schön hier, denke ich, und beobachte das Farbenspiel, das beim Ineinanderfließen entsteht.

Basti spuckt von der Brücke und zählt die Sekunden bis zum Aufprall. „Ist ungefähr gleich hoch wie die Breitenbachbrücke", schätzt er und startet einen zweiten Versuch.

„Drei Sekunden", stellt er abschließend fest. Er versucht, mich zum Spucken zu überreden. Mir ist aber nicht danach. Ich würde gerne wissen, warum wir ausgerechnet hierher geflüchtet sind.

„Warten wir auf etwas Bestimmtes?", frage ich Raffael ungeduldig. „Warts ab, Falco!"

Eine Viertelstunde und zahlreiche Spuckversuche von Basti später läutet Raffaels Handy.

„Du Idiot! Die Cops haben bestimmt dein Handy geortet!", wettert Axe böse.

„Halt's Maul! Glaubst du ich bin bescheuert? Das Handy ist gar nicht meins. Ist nur ausgeliehen." Raffael entfernt sich einige Meter und telefoniert ziemlich emotional. Schließlich kommt er zurück. Er informiert uns, dass wir demnächst abgeholt werden. Von wem möchte er uns nicht verraten. „Ein alter Bekannter", meint er bloß. Kurze Zeit danach fährt ein schwarzer BMW auf uns zu. Von Weitem erkenne ich zwei Personen im Wagen. Als er schließlich neben uns stehenbleibt, checke ich die Gesichter der Insassen. Raffael hat recht gehabt. Der Beifahrer ist ein alter Bekannter. Oh, oh! Das bedeutet nichts Gutes!

Der Direktor der Schule kontaktiert Sigrid per Telefon. „Frau Hauser, Georg ist heute nicht im Unterricht erschienen. Sie haben ihn nicht als fehlend gemeldet. Ist alles in Ordnung bei ihnen?"

Unter Tränen erklärt sie dem Direktor die Sachlage. Das Entsetzen darüber ist am anderen Ende der Leitung deutlich zu vernehmen. „Das ist ja furchtbar, Frau Hauser! Das hätte ich Georg nicht zugetraut. Ich hoffe, er kommt bald zurück. Sie werden sehen, es wird alles wieder gut. Bitte sagen sie mir, wenn ich Ihnen irgendwie helfen kann."

„Adrian?", wundert sich Basti als dieser aus dem Wagen steigt.

„Ja, da schau her! Spasti, der arge Orgy und James Blond! Ihr seid alle mitgekommen", sagt Adrian mit seiner rauen, tiefen Stimme. Er boxt seinem Bruder Raffael zum Gruß auf dessen Wange.

Der Fahrer des Wagens macht mir Angst. Der Typ ist gefühlte zwei Meter groß und wiegt wahrscheinlich 150 Kilogramm. Sein Kopf ist kahlgeschoren und beide Arme, inklusive Hals, sind bedeckt mit Tattoos. Ich dachte, dass Adrians Menge an Tattoos übertrieben sei. Der Kerl toppt jedoch alles! Ich habe auch schon einmal darüber nachgedacht, mich tätowieren zu lassen.

Adrian drängt uns einzusteigen. „Ihr müsst euch ein wenig zusammenkuscheln auf der Rücksitzbank", scherzt er und lacht seltsam wie sein Bruder.

Ich habe Adrian zum ersten Mal vor drei Jahren kennengelernt. Nach dem Knast war er für kurze Zeit in der Wohnung seiner Eltern untergebracht.

Dort haben wir alle gemeinsam gezockt. Er hat uns von seinem Überfall auf die Trafik sowie von seiner Zeit im Bau erzählt. Damals hatte ich so große Angst vor ihm, dass ich ihm nie direkt in die Augen gesehen habe. In der Zeit vor seiner Messerstecherei war er bei sämtlichen illegalen Aktionen unserer Clique dabei gewesen. Viele Ideen gingen auf sein Konto. Unsere kriminelle Energie stieg in dieser Phase stark an. Wo Adrian war, gab es Ärger. Bis heute. Das geht mir jetzt durch den Kopf.

Im Auto stinkt es entsetzlich, weil Adrian und sein Kumpel Zigaretten anzünden. Ich hasse es, wenn im Auto geraucht wird.

„Und wie schaut dein Plan aus, Adrian?", ruft Raffael von hinten seinem Bruder ins Ohr. Nerventötende, ohrenbetäubende Metal Musik dröhnt aus den Lautsprechern.

„Ich bring euch zuerst mal an einen sicheren Ort. Dann sehen wir weiter", ruft Adrian zurück und dreht die Musik noch etwas lauter. Viel zu schnell düst der BMW durch die Stadt. Die Reifen quietschen, bis Adrian schließlich den Fahrer anbrüllt: „Alter, brems dich ein, oder willst du, dass uns die Bullen aufhalten und wir wieder in den Bau einfahren?"

Offenbar haben diese Worte ihre Wirkung nicht verfehlt. Etwas außerhalb des Stadtkerns parkt der Fahrer und wir steigen aus. Schockiert blicke ich auf das vor mir liegende Gebäude. Besser gesagt, auf die Bruchbude.

„Willkommen in unserer Villa!", witzelt Adrian und öffnet die Eingangstür.

„Mann, wo sind wir hier?", flüstert Axe.

„Das Gebäude ist leerstehend. Zwar ohne Wasser und Strom, dafür aber ein perfektes Versteck", erklärt ihm Adrian. „Fühlt euch wie zu Hause!"

Tief in mir spüre ich zum ersten Mal Zweifel wegen der Flucht. Wo führt uns das alles hin? Wieso hat uns Raffael nicht erzählt, dass wir mit seinem Bruder untertauchen?

Den Rest des Tages verbringen wir im Wohnzimmer, auf zwei kaputten, zerrissenen Sofas. Adrian und sein Kumpel trinken ein Bier nach dem anderen. Die beiden erzählen vom Leben im Knast. Tony, der Fahrer, schildert uns seinen Banküberfall in Salzburg. Wie er es mit der Beute beinahe über die Grenze nach Italien geschafft hätte. Ich empfinde bei ihm dieselbe Angst, die ich anfangs vor Adrian hatte. Tony sieht aus, als könnte er jederzeit jemanden niederschlagen. Aggressiv und gefährlich. Seine Augen sind eiskalt. Am liebsten würde ich abhauen. Die stundenlangen Gespräche kotzen mich an.

Kurz vor Mitternacht frage ich nach einer Schlafmöglichkeit. Im ersten Stock liegen ein paar alte Matratzen. Es ist unglaublich schmutzig. Es muffelt. Eine Fensterscheibe ist eingeschlagen. In der Dunkelheit kann ich nur wenig erkennen. Ist wahrscheinlich besser so bei all dem Schmutz. Axe und Basti kommen ebenfalls nach oben. Wir sind hundemüde. Ich liege lange wach und kann nicht schlafen. Wahrscheinlich liegt es an Adrian, Tony und Raffael, die die ganze Zeit laut reden und seltsam lachen. Schuld daran ist mit Sicherheit der Alkohol.

Am nächsten Morgen öffne ich die Augen. Ich blicke mich um. Der Raum ist ekeliger, als ich angenommen habe. Neben mir liegen Basti und Axe. Raffael sehe ich nicht. Aus dem Nebenraum höre ich ein leises Schnarchen. Mein Magen knurrt. Ja, Frühstück wäre jetzt das Richtige, obwohl ich normalerweise am Morgen nichts esse. Ich gehe die Treppen hinunter und ein fröhliches „Guten Morgen, Falco!" schallt mir entgegen. Es ist Raffael, der auf dem Sofa zwischen dutzenden leeren Bierdosen sitzt. Er stopft sich Weißbrot mit Marmelade in den Mund.

„Willst du auch was?"

„Nein, danke! Sag mal, wieso hast du uns nicht gesagt, dass wir deinen Bruder treffen?"

„Ganz einfach! Mein Bruder ist aus dem Knast ausgebrochen. Wenn einer von euch während der Flucht aufgegeben hätte, wäre Adrian möglicherweise in Gefahr gewesen. Die Cops tappen ja nach wie vor im Dunkeln, was seinen Aufenthaltsort betrifft."

„Warte mal! Das heißt also, dass wir jetzt doppelt in der Scheiße sitzen?"

Plötzlich erscheint Adrian im Raum und behauptet: „Was heißt hier Scheiße? Ohne mich könntet ihr überhaupt nicht untertauchen. Ihr seid doch alle grün hinter den Ohren! Ihr habt ja null Ahnung davon!" Sein Ton wird zunehmend rauer.

„Alles cool, Mann. Ich bin ja auf deiner Seite", versuche ich ihn zu beruhigen. Jetzt kommen auch die anderen runter.

„Gibt's Ärger mit den Kleinen?", möchte Tony wissen und sieht mich scharf an.

„Nein, alles gut!", schaltet sich nun auch Raffael ein. „Orgy ist mein Bro. Er wird keinen Blödsinn machen. Stimmt's?"

Ich nicke und bin starr vor Angst.

10. Die Flucht vor der Flucht

Den ganzen Vormittag diskutieren wir über die nächsten Schritte. Tony, der übrigens auch gesucht wird wegen schwerer Körperverletzung, spricht unentwegt von Flucht über die Grenze. Mir ist schon ganz schlecht. Warum soll ich bei diesem Mist mitmachen? Ich bin nicht derjenige, der gesucht wird! Wie konnte das alles nur passieren? Wieso bin ich so tief mit hineingezogen worden?

„Hey, Falco!", vernehme ich gedankenversunken. „Ich hab dich was gefragt!", sagt Adrian genervt.

Er möchte von uns wissen, wie viel Geld wir für die Flucht zusammengekratzt haben.

„Her damit! Wir legen unsere Kohle zusammen!", meint er ruppig und streckt mir seine offene Hand entgegen. Was hätte ich denn tun sollen? Natürlich geben wir ihm unser Geld, aus Angst vor ihm und Tony. „Das Geld müsste reichen. Ich hab da einen Kumpel, der uns über die Grenze schleusen kann." Tony labert von Italien, wo er wiederum irgendeinen Ex-Knacki kennt, der uns verschwinden lassen kann.

Axe nimmt all seinen Mut zusammen: „Ich komm nicht mit. Ich hab nichts getan. Die Cops suchen nicht nach mir! Ich bin raus!"

Raffael brüllt ihn böse an: „Was? Du Verräter! Wir sind ein Team, wir halten verdammt noch mal zusammen!" Adrian und Tony geben ihm recht, und Axe beginnt zu weinen. Tony packt ihn am T-Shirt und droht ihm Gewalt an, falls er etwas Dummes planen sollte. Axe hält sich den verletzten Arm, den der Grobian verdreht hat. „Okay, Tony. Du kümmerst dich um die Angelegenheiten wegen der Grenze. Ich werde uns noch ein paar Lebensmittel besorgen", meint Adrian. Er versteckt sein langes, schwarzes Haar unter der Kapuze seiner Lederjacke. Den Bart hat er seit einigen Wochen stehenlassen. Er ist dicht und ungepflegt. Als Tarnung erfüllt er seinen Zweck.

Meine Gedanken beginnen sich um ein einziges Thema zu drehen: Die Flucht vor der Flucht. Ich spüre, dass auch Basti aussteigen möchte. Den ganzen Vormittag hat er kein Wort gesprochen. Ich warte auf eine günstige Gelegenheit, um mit Axe und Basti über mein Vorhaben zu reden. Irgendwann gegen Mittag gehen Adrian, sein Bruder und Tony in den Garten, wo sie sich Zigaretten anzünden und weiter über die Flucht philosophieren.

„Psst! Kommt mal her!", flüstere ich den beiden zu. „Ich weiß nicht wie es euch geht, aber ich möchte hier weg. Bei der Fahrt über die Grenze bin ich sicher nicht dabei. Die sind ja komplett durchgeknallt!"

Axe und Basti stimmen mir zu. Zweiterer erklärt: „Was ist mit unserem Geld? Ich möchte es wiederhaben! Ich lass mich doch nicht beklauen!" Tony betritt den Raum und holt sich eine Bierdose. Wie ich diesen Typen hasse! Ein richtiger Kotzbrocken! Von Anfang an sind wir nur eine Geldquelle für die drei Flüchtenden gewesen. Das wird mir jetzt klar. Womöglich werfen sie uns vor der Grenze aus dem Auto? Ihnen ist alles zuzutrauen! Als Tony wieder nach draußen geht, besprechen wir weiter unseren Ausstieg.

„Wenn alle schlafen, werden wir uns das Geld schnappen und abhauen. Ich denke, ich weiß, wo Adrian unser Geld versteckt hat", sage ich leise. „Heute Nacht werden wir das Ding durchziehen."

Nach ein paar weiteren Details erscheinen die drei Kriminellen im Wohnzimmer. Adrian öffnet die Plastiktaschen mit den Essensvorräten. Nach der fünften kalten Mahlzeit in Folge und endlosen Gesprächen nach Italien klingelt Tonys Handy. Zehn Minuten dauert das Telefonat. Er berichtet, dass sein Kumpel sich um unsere Flucht in den Süden kümmert. „Morgen Nacht brechen wir auf. Ich werde heute noch Kurt treffen wegen

der Einzelheiten. In zwei Tagen sind wir unter-
getaucht." Darauf wird mit Bierdosen und einem
lauten „Prost!" angestoßen.

Euphorie macht sich unter den Dreien breit.
Axe, Basti und ich sitzen einfach nur da und beobachten das Treiben. Uns ist das Lachen schon
lange vergangen. In unseren Köpfen kreist nur
noch ein Gedanke.

Der Tag zieht sich in die Länge. Es ist langweilig.
Die ganze Zeit sitzen wir in der Bruchbude herum
und drehen Däumchen. Raffael spielt schon seit
Stunden mit seinem Butterfly und raucht eine
Zigarette nach der anderen. Immer öfter kommt
mir heute meine Mama in den Sinn. Es tut mir
leid, dass ich ihr das antue. Ich hoffe, sie verzeiht
mir diesen Fehler. Auch an Pia muss ich denken.
So gerne würde ich in ihrer Nähe sein ...

Doch genug geträumt! Es ist bereits Abend. Ich
werde zusehends nervöser. Auch Bastis und Axes
Anspannung ist deutlich sichtbar. Basti kaut an
seinen Fingernägeln und Axe zappelt mit seinen
Beinen. Die drei Idioten leeren weiter eine Bier-

dose nach der anderen. Eigentlich ein Vorteil, wenn sie besoffen sind. Das erleichtert uns die Flucht. Ich gehe in die Küche. Am Tisch liegt eine Zeitung. Sie ist aufgeschlagen. Offensichtlich von heute. Wieder steht ein Artikel über uns drin. Neu ist jedoch, dass auch Bilder von Basti, Axe und mir veröffentlicht worden sind. Dringend gesucht! Polizei bittet um Hinweise!

„Hast du jetzt Angst, Orgy?", flüstert eine Stimme hinter meinem Rücken. Es ist Raffael.

„Wieso hast du uns angelogen?"

„Was meinst du?"

„Du wusstest doch von Anfang an, dass dein Bruder auf der Flucht ist. Er hat seine Strafe noch nicht abgesessen. Ausgenutzt hast du uns. Wir haben dir vertraut, Sturmi!"

„Wenn ich euch die Wahrheit gesagt hätte, wärt ihr nicht mitgekommen. Aber jetzt seid ihr da und hängt mit drin. Ihr helft Kriminellen auf der Flucht. Ihr könnt nicht mehr aussteigen. Wo wollt ihr hin? Eure Gesichter sind veröffentlicht und die Cops suchen euch!"

„Denkst du eigentlich immer nur an dich? Hast du dir mal die Frage gestellt, wie es uns dabei geht? Dir ist schon klar, dass du dir deine Zukunft verbaust mit dem Scheiß? Willst du ernsthaft so enden wie dein Bruder? Dieses Mal sind wir zu weit gegangen, Sturmi! Das ist keine harmlose, brennende Papiertonne! Du hättest Ramskogler umbringen können!"

„Na und? Ich habe keine Lust, irgendein spießiges, langweiliges Leben zu führen! Job, Familie, plus Hund. Nein, danke! Ich will den Kick und das Abenteuer! Live fast, die young! Ist doch voll geil so gejagt zu werden, oder? Ich fühle mich hellwach, voller Adrenalin! Das ist unbezahlbar!"

„Soll ich dir was sagen? Du bist kein Freund, du bist ein Arschloch!"

Raffael zückt sein Messer und hält es vor meine Nase. „Pass auf! Treib es nicht zu weit, mein Freund. Noch bin ich auf deiner Seite."

Ich beschließe, ihn nicht weiter zu provozieren, verlasse die Küche und setze mich zu den anderen ins Wohnzimmer.

„Wir sind alle in der Zeitung abgebildet!", werfe ich in die Runde und suche Augenkontakt zu Basti und Axe, auf dessen Stirn Sorgenfalten zu sehen sind.

„Egal, übermorgen sind wir über alle Berge. Die werden uns nie finden", behauptet Tony siegessicher.

„Im Notfall", grinst Adrian und holt eine Pistole aus seinem Rucksack, „werden wir uns eine Geisel nehmen! Ich geh nicht mehr in den Bau."

Spätestens jetzt muss jedem hier klar werden, dass er völlig den Verstand verloren hat! Mir läuft es kalt über den Rücken. Heute müssen wir unsere Chance wahrnehmen und abhauen, bevor es zu spät ist!

Es beginnt zu dämmern. Ich checke die Zeit: 21:30 Uhr. Die Spannung ist unerträglich, eine Mischung aus Angst und Vorfreude. Hoffentlich geht nichts schief! Ein Fehler und Adrian bringt mich um, oder Raffael schlitzt mich auf! Ich hasse beide Brüder abgrundtief!

Es ist bereits 1:00 Uhr morgens. Nachdem ich keine Stimmen mehr höre, gehe ich davon aus, dass auch der letzte Mitbewohner eingeschlafen ist. Ich taste mich vorsichtig im Zimmer vor. Basti und Axe folgen mir leise. Mit unseren Rucksäcken schleichen wir die Treppen hinunter.

„Was ist mit der Kohle?", flüstert Basti.

„Wartet hier!", antworte ich und gehe in die Küche. Gestern habe ich beobachten können, wo Adrian unser Geld aufbewahrt. Im Dunkeln greife ich nach der Blechschachtel im Fach über dem

Kühlschrank. Plötzlich entgleitet mir die Box. Ein Schrecken durchfährt meine Glieder. Wenn die auf den Boden knallt, könnte der Aufprall die Ganoven im ersten Stock aufwecken. Im letzten Moment fange ich sie noch auf. Boah, das war knapp! Basti und Axe warten auf mich bei der Eingangstür. Wir tapsen behutsam ins Freie.

„Mein Herz schlägt schnell wie das einer Beutelratte", stellt Basti fest. Er sucht etwas in seiner Hosentasche. Schließlich findet er den Gegenstand. Es ist Raffaels Butterfly.

„Wie bist du an das rangekommen?"

„Es lag im Wohnzimmer. Das nehmen wir mit."

Als er am BMW vorbeigeht, bleibt er stehen. „Hey, ich hätte da eine Idee!", lacht er verschmitzt.

11. Über alle Berge

Adrian wacht am nächsten Morgen als Erster auf. Er geht in die Küche und sucht etwas Essbares. Ihm fällt gar nicht auf, dass die Hälfte der Leute weg ist. Erst als Raffael und Tony die Treppen herunterkommen, bemerkt er es: „Wo sind denn die kleinen Hosenscheißer?" Tony durchsucht das Haus, Adrian den Garten. Raffael geht vor die

Eingangstür. „F***!", schreit er laut. Die anderen kommen zu ihm gelaufen. „Schaut euch das an! Die Reifen!"

„Die Kohle! Check die Kohle!", brüllt Tony. Adrian stürmt in die Küche. Er wirft einen Blick in das Fach über dem Kühlschrank: „Diese Bastarde! Ich mach sie alle kalt!", wettert er und schlägt mit der Faust gegen den Kühlschrank.

„Willst du mir erzählen, dass das ganze Geld weg ist?", möchte Tony wissen.

„Ja, so ist es! So eine Scheiße, Alter!"

„Wir müssen sie finden!", brüllt Raffael. Im selben Atemzug bemerkt er, dass sein Butterfly verschwunden ist. Er flucht und wirft eine Bierdose gegen die Wand. Mit einem dumpfen Geräusch zerbirst sie.

„Ich hab dir ja gesagt, dass du alleine kommen sollst!", wirft Adrian seinem Bruder vor. Er fährt sich entsetzt durchs Haar, als er den BMW sieht. „Und wie soll deiner Meinung nach unsere Flucht über die Grenze ohne Moneten funktionieren?"

Wir fliehen in die Dunkelheit. Ich habe zwar keine Ahnung, wo wir uns momentan befinden, aber es fühlt sich verdammt gut an. Es ist die richtige Entscheidung gewesen, die Notbremse zu ziehen.

Eine halbe Stunde später sind wir am Bahnhof. An jener Stelle, wo wir vom Waggon gesprungen sind. Wir setzen uns auf eine Bank. Ich hole die Blechschachtel aus meinem Rucksack.

„Mal schauen, wie viel Geld noch da ist." Ich zähle 4.780 Euro. „Die Drei werden uns bestimmt dafür verfluchen!"

„Ja, und suchen! Du kennst ja ihren Plan mit der Grenze."

„Ohne Reifen und ohne Geld sind die erledigt."

„Ich hätte Lust, sie bei den Bullen zu verpfeifen."

„Ich weiß nicht, ich denke wir sollten einfach so schnell wie möglich von hier verschwinden."

Axe meldet sich zu Wort: „Jungs, wir brauchen einen Plan! Die Cops haben unsere Gesichter veröffentlicht. Wir müssen unerkannt bleiben. Irgendwelche brauchbaren Ideen?"

„Warum sollen wir uns verstecken? Wir haben doch nichts verbrochen, oder?"

„Doch, wir haben dem Sturmi beim Untertauchen geholfen, und wir waren bei der Aktion in der Tiefgarage auch mit von der Partie. Wir hängen alle mit drin."

„Ich gebe Axe recht. Wir müssen uns tarnen."

„Mir kommt da eine Idee. Axe, deine Haare müssen ab, und du, mein lieber Orgy, könntest auch einen Kurzhaarschnitt vertragen", findet Basti. „Ich werde mir auch die Haare schneiden."

„Zuerst sollten wir uns ein Schlafquartier suchen", räume ich ein. Wir stehen auf und suchen das Bahnhofsgelände nach einer Schlafmöglichkeit ab. Wir kommen an einer leeren Halle vorbei. Basti schlägt vor, eine Fensterscheibe einzuschlagen.

„Viel zu laut, du Idiot!"

„Hast du eine bessere Idee?" Wir bemerken eine Tür, die nur mit einem Vorhängeschloss gesichert ist.

„Das ist es!", freut sich Basti. Er nimmt einen herumliegenden Stein in die Hand. Peng! Das Schloss springt auf. Wir schleichen hinein. In der Halle befinden sich alle möglichen Geräte und Werkzeuge. So eine Art Werkstatt. Nach genauerer Inspektion des Gebäudes entdecken wir einen Aufenthaltsraum. Dort gibt es Sofas, Tische, einen Kühlschrank und sogar eine kleine Kochnische.

„Jackpot!", jubelt Basti, nachdem er die Kühlschranktür öffnet. „Da ist jede Menge Essen drin."

Ich suche einen Kochtopf, koche Wasser und werfe drei paar Frankfurter hinein. „Mmmh! Warmes

Essen!" Gierig verschlingen wir die Würstchen. Die Wanduhr verrät uns, dass es schon 03.30 Uhr morgens ist. Wir pennen auf den Sofas. Keiner von uns denkt daran, dass wir morgen früh vielleicht von Arbeitern überrascht werden könnten. Dafür sind wir zu erschöpft von der ganzen Aufregung.

Stimmen. Ich höre Stimmen. Verflucht! Total benommen wecke ich die Jungs: „Da kommt wer!" „Schnell, springt aus dem Fenster!"

Axe öffnet das Fenster und wir klettern raus. Zum Glück sind wir im Erdgeschoß. In letzter Sekunde schaffe ich es nach draußen. In dem Moment geht die Tür auf. Ich höre jemanden schimpfen: „Hey, wer von euch hat gestern das Fenster offengelassen?"

„Ja, und wer hat wieder die Küche benutzt, ohne sauber zu machen?"

Die Stimmen werden leiser, während wir davonrennen. Hinter dem Gebäude verschanzen wir uns. Wir brauchen Zeit, um im Kopf klar zu werden. Immerhin wurden wir aus dem Schlaf gerissen.

„Okay", sagt Basti, nimmt das Butterfly, und fährt fort, „jetzt werden wir uns die Haare vornehmen. Komm her, Axe!"

Widerwillig lässt er sich die Haare kürzen. Ich bin überrascht, wie gut er mit kurzen Haaren aussieht.

Nun bin ich an der Reihe. Es fällt mir nicht leicht, denn auf meine dichten schwarzen Haare bin ich sehr stolz.

„Du Diva!", macht Basti sich über mich lustig und setzt das Messer auf meiner Kopfhaut an.

„Skalpier mich bitte nicht!", flehe ich ihn an. Nach dem Schnitt begutachte ich mich im Fenster. So kurz waren meine Haare noch nie. Ich sehe komisch aus. Zu guter Letzt schneide ich Basti die Haare. Seine Fliegerohren kommen durch die neue Frisur deutlich hervor, was ich ihm aber nicht sage.

„Ich muss schon feststellen, Jungs, wir sehen wirklich verändert aus!", kommentiere ich und strecke beide Daumen hoch.

„Trotzdem müssen wir vorsichtig sein", mahnt Axe. Eine Gruppe Jugendlicher geht an uns vorbei.

„Wie kommen wir bloß nach Hause?" Das ist eine gute Frage. Mit dem Zug, Bus oder per Anhalter?

„Auf jeden Fall sollten wir den Bahnhof verlassen! Adrian und Co. werden uns hier zuerst suchen." Während wir unsere Gedanken austauschen, sieht Axe plötzlich eine Person in Lederjacke. „Wenn man vom Teufel spricht. Shit! Das ist Adrian!"

Hektisch verstecken wir uns hinter einer Werbetafel. Von Zeit zu Zeit wagen wir einen kurzen

Blick hervor. „Die Luft ist rein. Der Trottel ist weg." Ein Taxi fährt an uns vorüber. Es hält direkt vor dem Eingang des Bahnhofes.

„Männer, ich habe eine Idee wie wir hier wegkommen!", freut sich Basti, grinsend bis über beide Ohren. „Da, schaut hin! Seht ihr das?", erklärt er uns. „Wir fahren mit dem Taxi!"

„Super, du Genie! Was wird sich wohl der Taxifahrer denken, wenn wir ihm sagen, dass er uns 200 Kilometer fahren soll?"

„Naja. Wir könnten verschiedene Taxis nehmen. Die Strecke wird dann eben auf mehrere aufgeteilt. Habt ihr einen besseren Plan?"

Nein. Den haben wir nicht. Das Geld für die Taxis haben wir auf jeden Fall.

„Und was machen wir, wenn wir erkannt werden?", fragt Axe besorgt.

„Dann zahlen wir Schweigegeld. Ganz einfach. Jeder ist käuflich."

12. All you need is a Taxi

Großartig! Bald werden wir zu Hause sein. Wir checken noch mal die Lage und laufen zum Taxi.

Im Wagen sitzt ein älterer Mann mit Schnauzbart. Er fragt uns, wohin die Reise gehen soll.

„Wie weit würden Sie denn fahren?"

„Kommt darauf an, wie viel Geld ihr dabeihabt", meint er ruhig und stellt das Radio ab. Auf die Frage, ob er auch nach Wien fahren würde, reagiert der Taxichauffeur verstört mit einer Gegenfrage: „Äh, warum nehmt ihr nicht einfach den Zug?"

„Wir haben unsere Gründe", erklärt Axe bestimmt. „Machen Sie es, oder nicht?"

„Werdet ihr gesucht oder so?", spottet der Fahrer und lacht.

„Nein, wieso?"

„Ist ja gut. Ich mach's! Wird aber nicht billig. Habt ihr genug Kleingeld?"

Ich hole die Blechschachtel aus dem Rucksack, öffne sie und zeige dem Taxifahrer den Inhalt.

„Es geht mich zwar nichts an, aber was machen drei Jugendliche mit so viel Geld in einem Taxi, das bis nach Wien fahren soll?"

„Gut, dann fragen wir eben jemand anderen."

„Nein, ist schon in Ordnung. Ich fahre euch, auch wenn ich ein ungutes Gefühl habe."

Um ihn von diesem Job zu überzeugen, biete ich ihm an: „Wir zahlen Ihnen das Doppelte, wenn Sie niemandem von uns erzählen."

Basti hat recht. Jeder ist käuflich. Ich sitze vorne auf dem Beifahrersitz, während Basti und Axe hinten Platz nehmen. Beim Autofahren sitze ich immer vorne. Mir wird sonst kotzübel. Wir verlassen Steyr. Ich sehe aus dem Fenster. Es hat begonnen zu regnen. Besser gesagt, es schüttet. Der Scheibenwischer bewegt sich rasch hin und her. Nach einiger Zeit wird es hinten auf der Rücksitzbank ganz still. Meine Freunde sind eingeschlafen.

Viele Dinge gehen mir durch den Kopf. Sie ziehen wie ein Kinofilm an mir vorüber. Zum Beispiel erinnere ich mich an meine erste Begegnung mit Basti. Ich weiß es noch genau! Mama und ich zogen damals ins Viertel. Basti war der erste Junge, mit dem ich ins Gespräch kam. Von diesem Tag an trafen wir uns regelmäßig. Ihm hatte ich es zu verdanken, dass ich mich nicht mehr so einsam fühlte. Der Wohnortwechsel ging mir ziemlich nahe. Wir mussten umziehen, weil meine Mama ein Jobangebot in Wien bekam. Meine Freunde aus St. Pölten fehlten mir total. Allerdings dauerte es nicht lange, bis der Kontakt zu ihnen kalt wurde. Basti gab mir neue Hoffnung. Er war der Einzige, den ich in der neuen Schule kannte. Leider war er eine Klasse unter mir. So musste ich mir ganz alleine einen Platz in der Klassengemeinschaft erkämpfen.

Eines wurde mir schnell klar: Nur die toughen Jungs überleben die Schulzeit! Und so legte ich mir eine harte Schale zu, ließ mir nichts mehr gefallen. Respekt verschaffte ich mir durch eine Schlägerei mit dem Klassenanführer. Klaus heißt er. Beinahe hätte ich ihm die Nase gebrochen. Von da an hatte ich Ruhe vor ihm und seinen Mitläufern. Schnell breitete sich die Neuigkeit aus. Alle machten einen weiten Bogen um mich. In dieser Zeit wurde ich zu dem geformt, der ich heute bin. Im Viertel fand ich Anschluss bei Raffael, der von mir gehört hatte. Er bot mir seine Freundschaft an. Später lernte ich Axe kennen. Seine feine Art fiel mir sofort auf. Im Gegensatz zu den anderen wirkte er überlegt und zurückhaltend. Beeindruckend war, und ist, sein enormes Allgemeinwissen sowie sein Hausverstand. Er passt nicht wirklich in unser Viertel. Aber wer kann sich schon aussuchen, wo man aufwächst? Axe hat wenigstens einen Vater, der sich ab und zu um ihn kümmert, auch wenn er woanders wohnt. Ich beneide ihn darum! Mein

Vater existiert für mich nicht! Ich kenne ihn nur von Fotos, die ich mir öfter ansehe. Dabei stelle ich mir immer wieder die Frage, warum er mich nicht treffen möchte. Bin ich nicht gut genug für ihn? Wahrscheinlich ist genau dieses miese Gefühl der Grund, warum ich mich oft nicht im Griff habe und in Schlägereien gerate. Ich weiß manchmal nicht, wie ich mit meiner Wut umgehen soll. Meine Mama bemüht sich total, mir Liebe zu schenken, aber eine gewisse Leere bleibt trotzdem in mir bestehen.

Am heftigsten schlug ich zu, als so ein Typ Axe gegen die Wand drückte und ihn beleidigte. Angeblich hatte er seiner Freundin nachgeschaut. Ich schlug so fest zu, dass Blut auf seinem Gesicht und am Boden verteilt war. Die Lippe musste genäht werden. Dafür wurde ich vom Direktor für zwei Wochen suspendiert. Für Axe war der Vorfall ein Segen. Niemand traute sich von da an, ihn zu beleidigen oder zu beschimpfen.

13. Neue Freunde

Das Kopfkino läuft weiter. Mama und Pia nehmen die Hauptrollen ein. Plötzlich reißt der Film ab. Der schnauzbärtige Taxifahrer quatscht mich an:

„Mein Name ist Josef, aber alle nennen mich Joe. Wie heißt du?"

„Ich bin Georg, Orgy."

„Ich möchte nicht neugierig sein ... Okay, ich bin doch etwas neugierig. Möchtest du mir verraten, warum ihr mit so viel Geld im Gepäck unterwegs seid? Seid ihr etwa abgehauen? Ihr müsstet doch in der Schule sein? Die Ferien sind vorbei."

„Ich weiß nicht, was Sie das angeht!"

„Weißt du, ich habe eine Tochter in deinem Alter. Ich denke jeden Tag an sie."

„Aha."

„Das ist eine lange Geschichte ..." Joe fährt fort: „Meine Tochter Kerstin ist 13 Jahre alt. Sie lebt bei ihrer Mutter in Linz. Vor ungefähr vier Jahren haben meine Ex-Frau und ich uns scheiden lassen. Sie hat seit zwei Jahren einen neuen Partner. Leider hat er meine Tochter dazu gebracht, mich zu hassen. Er macht mich schlecht und erzählt Lügen über mich."

Ich merke wie Joe mit Tränen kämpft. „Anfangs war Kerstin jedes Wochenende bei mir. Jetzt beantwortet sie nicht einmal mehr meine SMS. Es bricht mir das Herz. Was soll ich tun? Sie ist mein Ein und Alles!" Joe schnäuzt in ein Taschentuch.

„Bei mir ist es umgekehrt", erkläre ich. „Mein Vater möchte mich nicht sehen." Ich führe einen elendslangen Monolog. Joe hört mir einfach zu. Es tut mir gut, mit ihm über all meine Enttäuschung zu reden. Ich rede und rede. Meine Worte stürzen aus mir heraus wie Wasser aus einem Stausee, dessen Schleusen geöffnet werden. Mir wird bewusst, wie kaputt ich eigentlich bin. Hat Mama recht damit, dass ich eine Therapie brauche?

Joe seufzt und nickt. Er reicht mir ein Taschentuch. Ich erzähle ihm auch vom Umzug nach Wien, von Bernd, von Pia, den Schlägereien, von Heinze und Janko. Joe ergreift das Wort: „Georg, das Leben ist nicht leicht zu verstehen. Aber glaube mir, es wird alles gut werden. Alles hat einen tieferen Sinn. Eine verschlossene Tür bedeutet, dass irgendwo eine offene auf dich wartet." Ich mag den Schnauzbart. Deshalb erzähle ich ihm vom Vorfall in der Tiefgarage, von der Flucht im Zugwaggon und vom Plan, ins Ausland zu flüchten. Ich beschreibe ihm Raffael, Adrian und Tony und deren Lebensgeschichte.

„Es war richtig von euch, den anderen den Rücken zu kehren. Eure Eltern machen mit Sicherheit eine schwere Zeit durch. Willst du deine Mama anrufen? Ich kann dir mein Handy leihen?"

Ich kenne Mamas Handynummer nicht auswendig.

„Egal. Wir sind ohnehin in einer halben Stunde in Wien", sagt Joe und schaltet den Scheibenwischer aus. Axe und Basti wachen auf.

„Wo sind wir?"

„Wir sind bald da! Eine halbe Stunde noch!"

„Ich muss mal", sagt Basti.

Joe vertröstet ihn auf die nächste Autobahnraststätte. Endlich! Pinkelpause! Gerade noch schafft es Basti aus dem Wagen. Axe und ich stellen uns neben ihn. Wir pinkeln um die Wette. Bastis Strahl ist der weiteste, vermutlich wegen des enormen Blasendrucks. Währenddessen raucht Joe eine Zigarette.

„Ob der auch dichthält?", flüstert Axe mir zu.

„Joe ist ein super Typ. Der ist in Ordnung."

„Joe?"

„Ja, wir haben geredet über alles Mögliche."

„Auch über unsere Flucht?" Ich zögere etwas, sage ihm aber dann die Wahrheit.

Axe ist sichtlich entsetzt: „Hoffentlich hält er dicht."

Joe hat fertig geraucht, und wir steigen ins Taxi. Die Uhr im Auto zeigt 15:25. Irgendwie empfinde ich ein unangenehmes Gefühl, wenn ich an das

Wiedersehen mit Mama denke. Wie wird sie reagieren? Wird die Polizei uns mit Fragen bombardieren? Sollen wir den Beamten von Raffaels Aufenthaltsort erzählen?

14. Ohrfeige

Noch zehn Minuten bis zum Viertel. Die Anspannung steigt. Basti redet wie aufgezogen, Axe wird immer ruhiger. Joe ist DIE Ruhe in Person.

 Ich habe gemischte Gefühle. Das Taxi biegt in die Kreuzbergstraße ein. Ich kann bereits unseren Wohnblock sehen.

„Nummer 14", leite ich Joe an, der vor dem Block parkt.

„So, Jungs! Das war's. Ihr seid zu Hause."

„Wie viel bekommst du von uns?", frage ich Joe, die Blechschachtel in meinem Rucksack suchend.

„Das macht 250 Euro!"

„Für jeden?"

„Nein, für euch alle zusammen!"

„Das schreckt mich jetzt nicht."

„Freundschaftspreis. Dafür versprecht ihr mir, dass ihr so etwas nie wieder macht, okay?"

„Ja, versprochen", antworten wir im Chor und steigen aus. Mit einem „Warte, Georg!" fasst mir Joe auf die Schulter. „Hier ist meine Visitenkarte. Du kannst mich jederzeit anrufen, falls du mal wieder reden möchtest. Freunde sind wichtig!"

Ich nehme die Karte. Völlig überraschend werde ich von Joe umarmt. Mit dem Satz „Pass auf dich auf! Du hast ein gutes Herz!" löst er die Umarmung, dreht sich um und steigt ins Auto. Zum Abschied winkt er mir.

Tausend Dinge schwirren mir durch den Kopf. Ich sammle mich kurz. Wenig Schlaf und Essen, der Stress und das Gefühl, verfolgt zu werden haben mich total ausgezehrt. Ich gehe durch die Eingangstür. Noch zwei Stufen bis zur Wohnungstür. Zirka zwei Minuten stehe ich davor, ins Leere starrend. Ich überlege mir, was ich zu Mama sagen könnte. Unerwartet geht auf einmal die Tür auf. Mama steht vor mir. Wir sehen uns in die Augen, und sie lässt ihre Kaffeetasse fallen, sackt zu Boden und bricht in Tränen aus. Sie schluchzt bitterlich. Sie umarmt mich ganz fest. Eine ganze Weile sitzen wir so da. Erst als sie sich halbwegs beruhigt hat, lässt sie mich los. Klatsch! Mama knallt mir eine! Verdutzt blicke ich sie an.

„Georg, hast du eigentlich eine Ahnung, welche Angst ich um dich hatte? Ich konnte weder schlafen, noch essen. Stundenlang habe ich zu Gott gebetet, er möge auf dich aufpassen und dich heil zurückbringen. Ich bin wahnsinnig geworden vor Sorge!"

Was soll ich darauf sagen? Ich entschließe mich dazu, sie einfach ausreden zu lassen. Den Abend verbringen wir gemeinsam auf der Couch. Die ganze Zeit hält sie mich im Arm. Nach und nach erzähle ich ihr alles. Und damit meine ich wirklich alles. Die ganzen illegalen Dummheiten, meine Geheimnisse, meinen neuen Haarstyle, meine Enttäuschung wegen Papa und meine Bedenken wegen Thomas.

Hundemüde gehe ich zu Bett. Sofort nicke ich ein.

15. Sollen wir?

Nächster Tag: Ich öffne meine Augen. Mein Zimmer, mein Reich! Und vor allem mein weiches Bett! Aus der Küche vernehme ich Geräusche. Mama ist schon wach. Sie hat mein Lieblingsessen gekocht:

Kaiserschmarrn! Vom Duft angelockt, überwinde ich meine Müdigkeit. „Mmmh!"

„Komm und iss, Georg!"

Eine derart große Menge an Kaiserschmarrn habe ich vermutlich noch nie gegessen. Und so gut hat es mir auch noch nie geschmeckt!

„So, Georg, jetzt werden wir aufs Polizeirevier fahren!" Mir bleibt vor Schreck fast die Spucke weg.

„Aufs Re-Revier?", stottere ich.

„Ja! Die Polizisten haben mir aufgetragen, dass ich dich dort hinbringen soll, wenn du wieder zurück bist."

Wir betreten das Polizeigebäude. Ich habe Schiss. Beim Eingang müssen wir durch ein Sicherheitstor. Beim Durchgehen piepst es schrill. Der Sensor ortet Mamas Autoschlüssel. Nach dem Sicherheitscheck bringen uns Beamte in einen Warteraum. Nach zehn Minuten öffnet sich Tür Nummer drei. Ein Mann kommt heraus und bittet uns herein. Nachdem ich den Raum betreten habe, traue ich meinen Augen nicht! Axe und Basti, inklusive Eltern, sind auch da! Ich freue mich darüber, meine Freunde zu sehen. Beide machen ein langes Gesicht.

„So. Ihr Drei seid also Teil der gesuchten Bande", stellt der Beamte in Zivil fest. Dabei blättert er in den Akten. Der Polizist wirkt noch sehr jung. Er trägt einen gepflegten Vollbart, ist sehr groß und extrem dünn. „Dann fangen wir mal ganz von vorne an, meine Herren! Wer fängt an?"

Keiner meldet sich freiwillig. „Na gut. Ihr wollt nicht auspacken. Eines muss ich euch vorweg erklären. Wenn ihr mit mir zusammenarbeitet, wirkt sich das strafmildernd aus."

Axe, der Schlauste von uns Drei, meldet sich zu Wort. Er beginnt mit unserer Aktion in der Tiefgarage. Ein Mikrofon und eine Kamera dokumentieren seine Aussage.

Ich fühle mich wie in einem Kriminalfilm. Bei der Szene, wo Basti von der Brücke gespuckt hat, stoppt er abrupt. Zuerst sucht er Augenkontakt mit mir, dann mit Basti. Ich weiß, was er uns fragen möchte. Sollen wir ihm die Erlaubnis geben, Raffael and friends ans Messer zu liefern, den Aufenthaltsort preisgeben?

„Junge, du verschweigst doch irgendetwas!", drängt der Beamte Axe. Er setzt ihn weiter unter

Druck. „Wenn du wichtige Informationen zurückhältst, kannst du später dafür belangt werden!"

Ich ergreife nach längerem Zögern das Wort. Detailgetreu schildere ich den weiteren Verlauf unserer Flucht.

„Wartet kurz!", unterbricht mich der Beamte. Er läuft aus dem Büro. Ich denke, ich weiß warum. Er wird eine Fahndung nach Raffael, Adrian und Tony einleiten. Das war's also! Ich habe meinen ehemaligen Freund den Cops ausgeliefert. Das schlechte Gewissen plagt mich.

Axe sieht mir in die Augen und nickt. Damit signalisiert er, dass wir das Richtige getan haben. Auch Basti scheint erleichtert zu sein. Der Beamte kommt zurück. Ich fahre mit meiner Aussage fort.

Nach einer guten Stunde dürfen wir endlich nach Hause.

Die nächsten Tage bleibe ich zu Hause von der Schule. Mama hat den Direktor informiert. Ich muss schlafen. Die Erschöpfung ist einfach zu groß. Manchmal wache ich schweißgebadet auf. Albträume quälen mich. Zum Beispiel träume ich, dass wir über die Grenze fahren. Kurz danach hält Tony den Wagen an. Adrian zerrt mich aus dem

Auto, setzt mir die Pistole an den Kopf: „Schlaf gut, Bro!" Er drückt ab, ich wache auf.

„Da schau her, Georg!", ruft Mama. Ich latsche aus meinem Zimmer. Sie hält mir die Zeitung vor die Nase. Auf dem Titelblatt steht in großen, fetten Buchstaben:

KRIMINELLE AUF DER FLUCHT IN STEYR GEFASST!
Die Steyrer Polizei konnte gestern drei Täter verhaften.

Tony G. (28), Adrian S. (22) und dessen Bruder Raffael S. (15) wurden vom Einsatzkommando Kobra nach einer wilden Schießerei in einem leerstehenden Gebäude in der Reithofferstraße überwältigt. Tony G. wurde von einer Kugel getroffen und schwer verletzt. Hinweise über den Aufenthaltsort lieferten drei Jugendliche aus Wien, die anfangs die Kriminellen auf der Flucht begleitet hatten. Die Flucht über die Grenze wurde somit vereitelt.

„Was geschieht nun mit ihnen? Und wie geht es mit mir weiter? Muss ich ins Gefängnis, Mama?"

„Nein, Georg, das denke ich nicht. Bei Raffael und seinem Bruder wird es wohl so sein!"

Den ganzen Tag beschäftigen mich diese Fragen. Niemals will ich so enden wie Raffael!

Eine Woche später wird sich herausstellen, dass meine Freunde und ich mit einer Verwarnung und 50 Stunden Sozialdienst davonkommen werden.

„Mama, ich möchte mich ändern!"

„Das freut mich sehr, Georg!", antwortet sie und will mir eine Therapie einreden. Letztendlich gebe ich ihr mein Einverständnis. „Aber nur unter der Voraussetzung, dass ich jederzeit aussteigen kann!"

16. Neuer Anfang?

Heute ist Donnerstag, 7:00 Uhr morgens. Ein neuer Tag beginnt. Der erste Schultag nach der Flucht. Mühsam wie eh und je quäle ich mich aus dem Bett.

„Du bist spät dran!", wirft mir Mama vor und streckt mir die Jausenbox entgegen.

„Tschüss!", ruft sie hinterher. Vor dem Wohnblock wartet Axe auf mich und macht auch noch Stress. Ich lenke ihn ab: „Und, wie geht's dir so?"

„Ich will das nicht mehr!"

„Was meinst du?"

„Na, die ganzen illegalen Sachen", erklärt er.

„Geht mir auch so." Ich erzähle ihm, dass ich demnächst eine Sitzung beim „Vogeldoktor" haben werde. Es fällt mir schwer, darüber zu reden. Es ist mir mega peinlich.

„Alter, das ist vielleicht keine schlechte Idee. Ich meine, komm schon, deine Wutausbrüche und Schlägereien. Ganz normal ist das nicht. Du reagierst ziemlich oft übertrieben, finde ich."

Axe hat noch nie so offen über meine Ausbrüche gesprochen. „Ich weiß, die Sache mit deinem Papa. Und jetzt der neue Freund deiner Mama! Ist nicht einfach für dich."

Wir treffen in der Schule ein. Die Mitschüler werfen uns eigenartige Blicke zu. Sie geben uns das Gefühl, neu in der Klasse zu sein, oder grüne Haare zu haben. Natürlich wissen alle Bescheid über unsere Flucht, und irgendwie traut sich keiner, uns darauf anzuquatschen. Am Ende des Ganges sehe ich Pia, die mir entgegenkommt. Zum ersten Mal redet sie mit mir: „Du bist echt Scheiße! Kein Wunder, dass dir jeder aus dem Weg geht!"

„Ich liebe dich!", schreie ich so laut ich nur kann. Sie dreht sich um, läuft auf mich zu, fällt mir um den Hals und knutscht mit mir. Ähm, das ist leider nicht passiert. Das war nur meine Fantasie. Ich stehe natürlich immer noch alleine da.

„Machst keinen Stich bei ihr, oder?", verarscht mich Richie Rich, begleitet von drei Jungs aus seiner Clique. Sie umringen mich und ich spüre, wie Zorn in mir hochsteigt.

„Schleich dich, Alter! Mach keinen Stress!", versuche ich die Situation zu entschärfen. Ich drehe mich um und gehe weg. Leider reagiert Richie nicht auf meine Worte. Ganz im Gegenteil. Er läuft mir hinterher, provoziert mich weiter: „Bist ja ein feiner Kerl. Verrätst deinen Kumpel bei den Cops!"

Ich explodiere und haue so fest ich kann auf sein freches Maul.

„Ah!!! Spinnst du, du Vollidiot!", jammert Richie und hält sein Gesicht. Seine Freunde gehen nun auf mich los. Sie treten weiter auf mich ein, obwohl ich schon am Boden liege. Ich höre eine Mädchenstimme verzweifelt rufen: „Hört auf! Hört auf!" Es ist Pia, die versucht zwischen uns zu gehen. Ein paar Sekunden später bekommt sie Unterstützung von zwei Lehrern, die brüllend die Einstellung des Fights fordern. Ich bin benommen. Plötzlich ist alles schwarz.

Als ich wieder zu mir komme, bemerke ich einen Mann und eine Frau mit roten Jacken neben mir.

„Was ... W-Was ...", stammle ich.

„Wir sind vom Roten Kreuz. Wir bringen dich ins Krankenhaus."

Ich befinde mich auf einer Liege und werde gerade in den Krankenwagen geschoben. Ich möchte mich aufsetzen, aber die Frau meint, ich soll mich nicht bewegen.

17. Neuer Anfang!

Alle möglichen Untersuchungen werden mit mir gemacht. Röntgen, EKG. Sogar in eine Röhre werde ich geschoben. Wie ein Schweinsbraten. Alles tut mir weh! So viel ist sicher: Zwei Rippen sind angeknackst und mein Schädel brummt wie ein Bienenstock.

Mama begleitet mich bei allen Untersuchungen. Sie weint und ist sichtlich erschöpft.

„Mama, ich wollte das nicht. Glaub mir! Ich hab noch versucht mit Richie zu reden, aber ... "

Meine Worte prallen an ihr ab. „Georg, ich kann nicht mehr. Mir ist alles zu viel."

Noch am selben Tag bekomme ich Besuch von Axe und Basti. „Alter Schwede, wie siehst du denn aus?", wundert sich Axe, während er mein Gesicht begutachtet.

„Sexy, ich weiß", lache ich unter Schmerzen.

„Die haben dich aber ordentlich vermöbelt!"

„Alle reden in der Schule darüber."

„Scheiße, ich wollte damit aufhören. Ich wollte das nicht! Ehrlich!", beschwöre ich meine Freunde. „Aber Richie hat mich nicht in Ruhe gelassen. Er hat mich provoziert. Freundesverräter hat er mich genannt!"

„Du musst froh sein, wenn du nicht von der Schule fliegst, Orgy!" Damit hat Basti natürlich recht.

Eine Woche später bin ich wieder daheim. Mama hat mich über die anstehende Aussprache mit dem Direktor informiert. Ich befürchte das Schlimmste. Wir steigen ins Auto und fahren zur Schule.

„Ich weiß nicht was ich machen soll, wenn du aus der Schule hinausgeschmissen wirst", schluchzt sie unentwegt.

Die Stunde der Wahrheit ist gekommen. Der Direktor empfängt uns freundlich. „Georg. Das was du da getan hast, war falsch. Dafür gibt es keine Entschuldigung. Ich verurteile dein Verhalten zutiefst. Dennoch ..."

Dennoch? Was kommt jetzt?

„... hat eine Schülerin ausgesagt, dass Richard dich provoziert hat und dass du den Streit eigentlich nicht wolltest."

Pia! Stimmt. Sie war in der Nähe. Sie hat für mich ausgesagt! Wow!

„Aus diesem Grund möchte ich dir noch eine Chance geben! Deine Mutter hat mir erzählt, dass du eine Therapie beginnen wirst. Meine Kollegen und ich sind davon überzeugt, dass du dein Leben in den Griff bekommen kannst. Wir glauben an dich, Georg!" Der Direktor legt seine Hand auf meine Schulter und sagt: „Du schaffst das! Das weiß ich!"

Mama beginnt schon wieder zu flennen. Peinlich! „Frau Hauser, ich wünsche Ihnen viel Kraft und alles Gute!" Endlich verlassen wir das Schulgebäude.

Mama spricht den ganzen Tag kaum etwas mit mir. Sie telefoniert lange mit Thomas. Sie weint. Danach macht sie einen langen Spaziergang. Weder Axe noch Basti sind am Handy erreichbar. So gerne würde ich jetzt mit einem Freund reden.

Joe! Wie ein Blitz schießt mir sein Name in den Kopf! Er hat mir doch angeboten, jederzeit mit ihm quatschen zu können. Ich suche im Rucksack nach seiner Visitenkarte, doch da ist sie nicht. Konzentriert versuche ich mich zu erinnern, wo ich die Karte hingegeben habe. Ach ja! Sie muss noch in meiner Hosentasche sein. Rasch laufe ich ins Bad und suche in der Schmutzwäsche nach meiner Hose. Vergebens. Mama dürfte sie schon gewaschen haben. Shit! In meinem Kleiderschrank finde ich das Objekt der Begierde. Ich durchsuche alle Taschen. Da ist sie! Jedoch komplett zerknittert und ausgebleicht. Die Nummer ist kaum noch sichtbar. Trotzdem, ich knacke das Zahlenrätsel und tippe die Ziffern ins Handy. Mein Daumen liegt über dem grünen Symbol mit dem Hörer. Ich zögere ... Hat er das wirklich ernst gemeint mit der Freundschaft? Wollte er nur nett sein? Ich kenne ihn doch gar nicht! Ich nehme allen Mut zusammen und drücke auf das Symbol.

„Hallo, hier ist Joe. Wer ist dran? Hallo? Ich kann Sie nicht hören!"

Ich bin feige und lege wieder auf. Ich werfe das Handy aufs Bett und ärgere mich über mich selbst. Seine Stimme klang so freundlich am Telefon. Plötzlich vibriert mein Handy. Am Display sehe ich Joes Nummer. Er ruft mich zurück! Einmal tief durchatmen ...

„Hi! Hier ist Orgy!"

„Hey, Orgy, das ist ja eine angenehme Überraschung! Ich habe in der Zeitung über euch gelesen. Wie geht's dir?"

„Danke, Joe. Es geht mir gut. Wie geht's dir?"

„Bei mir läuft es sehr gut. Stell dir vor! Gestern hat mich meine Tochter angerufen. Sie hat auf meinen Brief reagiert. Sie hat sich entschuldigt und möchte dieses Wochenende zu mir auf Besuch kommen. Ich bin so happy! Dank dir hab ich neuen Mut gefasst! Aber jetzt zu dir. Erzähl mal!"

Ich berichte ihm vom Wiedersehen mit Mama, von meinem misslungenen Versuch, alles anders machen zu wollen. Von der Schlägerei und meiner bevorstehenden ersten Therapiesitzung. Joe hört mir geduldig zu und bestätigt seine Anwesenheit mit regelmäßigen „Hmmms". Ich quatsche ihn mit meinen Problemen zu.

„Ich finde es klasse von dir, dass du dich so bemühst, ein besseres Leben zu führen, Orgy. Aber bitte vergiss nicht: Veränderung braucht Zeit. Nimm sie dir!", meint der liebenswerte Schnauzbart. „Du wirst sehen, der Therapeut wird dir eine gute Unterstützung sein auf deinem Weg. Es geht nicht um die Dinge, die schiefgehen. Betrachte das Leben als einen Weg. Richte dich neu aus, wenn du vom Weg abkommst. Schau immer nach vorne, geh durch offene Türen!"

Wir beenden das Gespräch. Wir vereinbaren, in Zukunft zumindest einmal pro Monat zu telefonieren. Seine Worte sind wie Balsam für meine Seele. Ich fühle mich wesentlich leichter.

18. Thomas

Mama kommt von ihrem ausgedehnten Spaziergang zurück. Sie sieht müde aus. Oh! Sie ist nicht alleine! Ein Typ folgt ihr in unsere Wohnung. THOMAS! Mein Blick scannt ihn von oben nach unten. Er ist etwas älter als Mama, hat kurzes, braunes Haar, eine schwarze Brille. Ein kurz geschnittener Vollbart bedeckt den Großteil seines Gesichtes. Der Eindringling trägt ein bedrucktes, weißes T-Shirt und blaue Jeans. Seine Füße stecken in schwarzen Adidas, die ich auch gerne hätte. Der erste Eindruck ist sympathisch. Trotzdem! Vorsicht ist die Mutter der Porzellankiste. Ich bin schon mehrmals mit Typen von Mama eingefahren! Am Anfang sind sie alle nett, um Mama zu beeindrucken. Wenn sie sich dann halbwegs sicher fühlen, zeigen sie ihr wahres Gesicht!

„Das ist Thomas! Und das ist mein Sohn Georg!"

„Hallo Georg. Freut mich, dich kennenzulernen. Weißt du, ich habe auch einen Sohn in deinem Alter. Sein Name ist Robert." Thomas grinst mich an.

Du falsche Schlange! Wir setzen uns zum Küchentisch. Mama hat schon vorgekocht. Es gibt Gulasch. Thomas bombardiert mich ständig mit Fragen, die ich knapp mit ja oder nein beantworte. Er versucht, sich beliebt zu machen. Freundchen, dagegen bin ich immun! Glaub mir! Endlich fährt Mama mit dem Schöpfer in den Topf und füllt meinen Suppenteller randvoll. Wenn Thomas isst, kann er wenigstens keine Fragen mehr stellen. Nach dem Essen verziehe ich mich in mein Zimmer. Meine Stereoanlage drehe ich bis zum Anschlag auf. Den werde ich schon klein kriegen!

Ab heute wird Thomas fast täglich zu Besuch sein.

19. Letzte/Neue Chance

Montag. Juhu! Das meine ich natürlich sarkastisch! Die Woche beginnt zumindest mit einer

Doppelstunde Sport. Die Jungs der 4a und 4b teilen sich den Turnsaal. Unser Sportlehrer, Herr Weigl, ist einer der beliebtesten Pädagogen unserer Schule. Nicht nur wegen seines jungen Alters, sondern weil er uns das Gefühl gibt, dass wir ihn nicht anpissen. Das Coolste an ihm ist definitiv seine Vorliebe für Fußball. Er spielt wahnsinnig gut, was daran liegt, dass er in einem Fußballverein spielt.

Nach kurzen Aufwärmübungen legen wir los. Als Kicker bin ich sehr gefragt. Ich gehöre zu den besten fünf Spielern unserer Klasse. Dementsprechend werde ich bedrängt und gefoult. Herr Weigl kennt mich mittlerweile sehr gut. Er spürt den Moment, wann er mich bremsen muss, damit ich nicht explodiere. Geschickt ruft er mich an den Spielrand und tauscht einen Wechselspieler gegen mich ein. Diesen Zeitpunkt übersieht er heute leider. Ich werde gerempelt und falle zu Boden. Wütend stehe ich wieder auf und laufe in Richtung Übeltäter, um mich für das Foul zu rächen. In diesem Moment passiert etwas in mir. Anstatt ihm gleich aufs Maul zu hauen, wie ich es sonst tue, stelle ich mich vorerst NUR vor ihn hin. Das Spiel ist durch einen Pfiff unterbrochen. Leo, so heißt der Junge aus der 4b, schaut mich verdutzt an. Er rechnet mit dem Schlimmsten. Anstatt ihn mit meiner Faust zu attackieren, strecke ich ihm meine offene Hand entgegen. Er schlägt ein. Leo entschuldigt sich: „Tut mir leid, Mann. Ich bin etwas zu hart reingegangen."

„Schon gut, Leo", beruhige ich ihn und lächle. Erstaunt und erleichtert über meine Reaktion pfeift Herr Weigl. „Freistoß für Blau!" Den Rest der Stunde gibt es keine Zwischenfälle mehr.

Die nächsten Stunden denke ich über meine gelassene Reaktion in der Sportstunde nach. Ich bin stolz auf mich. Auch einige Klassenkollegen kommen auf mich zu. Sie sind erstaunt über mein faires, ruhiges Verhalten. Normalerweise spricht kaum jemand mit mir. Warum war ich heute so anders beim Fußballspielen?

Gemeinsam mit Axe und Basti verlasse ich das Schulgebäude. Beide loben mein positives Verhalten.

„Scheiße, Mann, ich dachte du haust wieder zu! Das wäre das Ende für dich gewesen in dieser Schule! Echt krass, dass du heute so cool geblieben bist!"

„Ja, ich bin stolz auf dich!", fügt Axe hinzu und klopft mir freundschaftlich auf die Schulter.

„Danke, Jungs."

Mit diesen guten „Vibes" betrete ich unsere Wohnung.

„Mama, ich muss dir etwas Tolles erzählen!" Sie hört mir gespannt zu.

„Georg, das ist ein Schritt in die richtige Richtung. Das freut mich sehr!" Mama erinnert mich daran, dass heute meine erste Sitzung beim Therapeuten ist. Komisches Gefühl! Ich weiß nicht recht, was mich da erwarten wird. Joes Worte von der offenen Tür kommen mir in den Sinn. Ich gebe dem Therapeuten eine Chance. Aussteigen kann ich im Notfall jederzeit. So lautet der Deal!

20. „Vogeldoktor"

Unglücklicherweise muss ich alleine zur ersten Sitzung. Ich rufe Axe an, der sich sofort bereit erklärt, mich zu begleiten. Zum ausgemachten Zeitpunkt sehe ich von Weitem zwei Leute auf der Bank vor dem Spielplatz sitzen.

„Hey, ich hoffe es ist okay für dich, wenn ich auch mitkomme!"

„Klar doch, Basti!"

Seit unserer Flucht von der Flucht sind wir Drei noch viel dickere Freunde geworden. Ich bin stolz auf sie! Wir nehmen den Bus Richtung Innenstadt.

„Was ist eigentlich mit der Kohle?"

„Ja, Orgy, wo hast du sie versteckt?"

„In meinem Zimmer unter dem Bett. Daran hab ich ehrlich gesagt gar nicht mehr gedacht!"

„Wie viel ist noch da?"

„Keine Ahnung! Geschätzt: 4.000."

„Was machen wir damit?"

„Wir müssen das Geld den Bullen geben", sagt Axe gewissenhaft, „oder ...?" Er macht eine längere Pause. „Oder wir schenken es jemandem, der es wirklich braucht."

„Meine 600 will ich aber wiederhaben", fordert Basti, wie aus der Pistole geschossen.

„Wie wäre es, wenn jeder sein Geld zurückbekommt und wir den Rest verschenken?", schlage ich vor. Dafür bekomme ich großen Zuspruch.

„Dann müssen wir nur noch eine bedürftige Person finden!" Vor lauter Gequatsche übersehen wir fast die Bushaltestelle, wo wir aussteigen müssen.

„Wie lautet die Adresse vom Vogeldoktor?", fragt Axe, der sich angeblich perfekt auskennt in dieser Gegend.

„Vogelbeergasse 4c."

„Passender Name irgendwie", findet Basti und lacht. Nach ein paar Schritten sehen wir das Ziel. Im Eingangsbereich findet Basti einen Aufzug. Oben angekommen läute ich an der Tür. Mit einem lauten Surren öffnet sie sich. Wir treten ein und setzen uns in den Warteraum. Niemand ist da außer uns.

„Wo ist denn der Dok?", denkt Axe laut.

„Hier ist er!", meldet sich eine Stimme.

„Hallo. Ich bin Herr Vogelhauer!"

Ich merke wie Basti sich zusammenreißt, um keinen Lachflash zu bekommen. „Wer von euch Dreien ist Georg?" Ich stehe auf und verschwinde mit ihm hinter der Tür.

„So. Georg, erkläre mir bitte, warum du heute zu mir gekommen bist."

„Ähm. Ich weiß nicht recht." Herr Vogelhauer beginnt mit beruhigender sanfter Stimme über sich zu erzählen: „Ich kenne dein Viertel. Meine Eltern, meine Schwester und ich haben dort viele Jahre gewohnt. Deine Mutter hat mir schon einiges über dich erzählt, von deinen Problemen in der Schule, von gewissen Leuten, die dir nicht guttun. In deinem Alter war ich auch in einer ähnlichen Situation ..." Er beginnt mir von Drogenmissbrauch und kleinen Einbrüchen zu berichten. Ich bin total überrascht, weil er ja ein Therapeut ist. „Georg", fährt er fort, „wenn du willst, helfe ich dir gerne auf deinem Weg."

Die restliche Zeit verbringen wir damit, dass er mir lustige Situationen aus seiner Zeit im Viertel schildert. Von dem Mädchen aus dem Nachbarblock, das ihn eiskalt abblitzen ließ. „Okay", meint Herr Vogelhauer, „für heute machen wir Schluss. Kommst du nächste Woche wieder zu mir?" Ich bejahe. Wir gehen gemeinsam in den Warteraum. Axe und Basti spielen auf ihren Smartphones. „Lasst uns gehen!"

Während der Busfahrt beschließen wir, im Anschluss noch bei mir vorbeizuschauen, wegen des Geldes.

Wir gehen die Treppen hoch und betreten meine Wohnung. Ich greife nach der Blechschachtel unter meinem Bett. Mitten im Raum lege ich sie auf den Boden. Gespannt setzen wir uns rundherum und öffnen die Schatztruhe. Gemeinsam zählen wir laut die Moneten: „4.430 Euro!" Jeder bekommt sein Erspartes zurück. Den Rest geben wir in die Schachtel. Ich verstecke sie unter meinem Bett.

„Habt ihr Bock, eine Runde auf der Playsi zu zocken?" Diese Frage brauche ich kein zweites Mal zu stellen. Basti wirft die Kiste an, während ich uns noch schnell eine Coke hole.

Eineinhalb Stunden später kommt Mama zurück von der Arbeit. Sie begrüßt die Jungs und mich und verschwindet in die Küche. Kurz danach klingelt es an der Tür. Ich höre eine Männerstimme.

„Ah, das ist Thomas, ihr neuer Lover", erkläre ich abfällig den Jungs. Und dann geschieht etwas, das GAR NICHT GEHT! Thomas betritt mein Zimmer, MEIN REICH, OHNE anzuklopfen und OHNE meine Zustimmung! Spinnt der? Will der Krieg?

„Hi. Ich bin Thomas. Was spielt ihr denn da?"

Wir tun so, als ob wir ihn nicht sehen. Die Augen nur auf den Bildschirm gerichtet.

„Ah, das kenn ich", labert er, „mein Sohn und ich spielen das auch gerne! Wenn ihr wollt, kann ich euch ein paar kleine Tricks zeigen, die Robert von seinem Freund gelernt hat. Bringt euch schnell ins nächste Level!"

Überrascht wenden sich unsere Augen in Richtung Eindringling. „Aha. Zeig mal her", sagt Basti interessiert. Dafür bekommt er meinen Ellenbogen in die Seite. Thomas hat's echt voll drauf, muss ich leider zugeben. Er zeigt uns alle möglichen Sachen. Mama schaltet sich ein. Sie bittet Thomas, sie in der Küche zu unterstützen. Er folgt der Aufforderung. Beim Verlassen meines Zimmers meint er noch: „War echt lässig mit euch zu spielen, Jungs."

„Orgy, ganz ehrlich. Der Typ ist richtig nett."

„Ja, finde ich auch."

„Kommt! Lasst uns weiterzocken", versuche ich genervt abzulenken. Die nächsten Minuten denke ich über die Worte meiner Freunde nach. Hm, eigentlich ist Thomas wirklich nicht so übel. Trotzdem, das ist ja nur ein erster Eindruck! „Nutze offene Türen!" höre ich Joes Stimme in meinem Kopf.

Okay, Thomas. Ich gebe dir EINE Chance. ABER Vorsicht! Ich beobachte dich genau!!!

„Essen ist fertig", schreit Mama und klopft an meine Tür. Wir beenden das Spiel und trotten in die

Küche. „Ihr könnt zum Essen bleiben", lädt Mama meine Freunde ein. Es gibt Schnitzel mit Pommes. Auf meiner Liste der Lieblingsmahlzeiten unter den Top Fünf. Der Abend verläuft richtig gut. Mit Thomas kann man Spaß haben. Auf Axes Frage hin, ob sein Sohn Robert bei ihm lebt, antwortet Thomas etwas traurig: „Bei seiner Mutter in Eisenstadt. Ich sehe ihn einmal pro Monat. Freitag bis Sonntagabend."

Kurze Zeit später sind Mama und ich wieder alleine. Mama quetscht mich, wie erwartet, wegen des Therapeuten aus. „Wie war das Gespräch? Gehst du wieder hin?" Nachdem ich die zweite Frage mit ja beantworte, will sie mich schon wieder umarmen. Gerade noch kann ich rechtzeitig flüchten! Warum wollen Mamas immer ihre Kinder umarmen?

Plötzlich läutet es an unserer Wohnungstür. Mama öffnet sie. Eine Frau steht auf der Fußmatte. Sie ist vom Jugendamt. In Zukunft wird sie einmal pro Woche vorbeischauen. Mama bittet sie herein auf eine Tasse Kaffee.

21. Rempler mit Folgen

Seit der Turnstunde merke ich eine deutliche, positive Entwicklung. Meine Mitschüler gehen mehr und mehr auf mich zu. Die ganze letzte Woche hatte ich keine einzige Gewaltexplosion. Hoch interessant finde ich die Tatsache, dass ich von den Lehrern besser behandelt werde. Die Sticheleien von Herrn Heinze und Frau Janko werden weniger. Ich beginne, mich am Unterricht zu beteiligen. Ich schreibe mit, zeige auf und mache teilweise Hausaufgaben. Das Beste an der ganzen Geschichte sind jedoch Pias Blicke, die sie mir zuwirft, wenn ich an ihr vorübergehe. Vielleicht liegt es auch daran, dass ich mich bei ihr für ihre Aussage beim Direktor bedankt habe.

Das war so: Am ersten Schultag nach meiner Genesung begegnete mir Pia in der großen Pause beim Schulbuffet. Ich hatte meine Jausenbox zu Hause vergessen. Wir standen in der Warteschlange. Sie war hinter mir. Aus heiterem Himmel quatschte sie mich an: „Hey, wie geht's dir?" 10.000 Volt durchfuhren meinen Körper, als ich ihre süße Stimme hörte. Ich drehte mich um und sah sie: das schönste Mädchen der ganzen Welt! Sie fragte MICH, ich wiederhole, MICH!!, wie es mir geht! Ich suchte passende Worte, bedankte mich für ihre Unterstützung beim Schulleiter. Mein Angebot, sie zum Essen einzuladen, lehnte sie ab. Schade! Tja, so war das an diesem Tag. Ich werde ihn niemals vergessen.

Seit diesem Gespräch hat sie mich nicht mehr direkt angesprochen. Dafür sieht sie mir jedes Mal in die Augen, wenn wir aneinander vorübergehen.

Mitten im Musikunterricht, der übrigens staubiger als Beethoven selbst ist, lässt Axe mir über drei andere Mitschüler einen gefalteten Schmierzettel rüberwachsen. Ich öffne das Papier: *Ich habe jemanden für unser „Geschenk" gefunden.*

Axe grinst mich an und zeigt mir zwei erhobene Daumen. Seit gestern ist er die lästige Armschiene los. Nach der Unterrichtsstunde stürmt er auf mich zu: „Wir treffen uns mit Basti um 15:00 Uhr bei mir. Nimm die Kohle mit." Er rückt den Namen der „Geschenks"-Person nicht raus. „Soll eine Überraschung sein", meint er.

Vor dem Schulgebäude, das wir liebevoll „Bau" nennen, läuft mir Pia über den Weg und wünscht mir noch einen schönen Tag. Wow! Wie soll ich denn das jetzt verstehen? Ich bin etwas durcheinander. Die 10.000 Volt sind wieder da. Meine Hände schwitzen. „Dir auch!", bringe ich gerade noch über die Lippen. Ich sehe ihr hinterher. Ungewollt laufe ich der vor mir stehenden Person voll hinein. „Hey, hast du keine Augen im Kopf!", werde ich angebrüllt.

Das darf doch nicht wahr sein! Meine Woche ist perfekt gelaufen und jetzt das! Ich habe Richie Rich gerempelt! Richie schreit mich dermaßen laut an, dass Pia es noch hören kann. Sie dreht um und kommt zum Ort des Geschehens.

„Mann, es tut mir echt leid. Das wollte ich nicht", erkläre ich Richie und reiche ihm meine Hand als Entschuldigung. „Komm schon, Richie! Ich will nicht mehr streiten mit dir. Lass uns Frieden schließen. Hier und jetzt."

Richie versucht mich weiter zu ärgern: „Du gehst jetzt zum Vogeldoktor, hab ich gehört?", macht er sich über mich lustig. „Mit dir hat sowieso von Anfang an etwas nicht gestimmt. Du bist ein Volltrottel und Versager!"

Ich blicke mich um. Alle stehen sie um uns herum: Axe, Basti, Pia und dutzende Schüler. Was soll ich jetzt tun? Wenn ich kneife, verliere ich mein Gesicht! Dann bin ich DAS Weichei!

„Orgy, tu es nicht!", ruft mir eine engelsgleiche Stimme zu. Es ist Pia. „Bitte!"

Ich beiße mir auf die Zunge, schlucke meinen Ärger runter und sage bestimmt vor der versammelten

Menge: „Hör mal Richie! Ich könnte dich jetzt beleidigen, oder dir ins Gesicht schlagen. Aber weißt du, ich will das alles nicht mehr. Ich möchte mich ändern und du wirst mich nicht daran hindern." Erneut reiche ich ihm meine Hand als Friedensangebot.

Es geschieht etwas Unglaubliches: Richie reagiert nicht auf meine Hand, aber die Menge tut es! Plötzlich höre ich mehr und mehr Stimmen, die Richie dazu auffordern, mir die Hand zu geben. Richie wird nervös. Er weiß auf einmal nicht mehr, was er tun soll. Die Zahl der Schaulustigen rund um uns beiden wird größer, die Aufforderung der Mitschüler immer lauter! Richie zerbröselt letztendlich unter dem Druck und reicht mir die Hand. Die Versammlung beginnt zu applaudieren. Ich fühle mich stärker als je zuvor! Genial! Richie und seine Kumpels ziehen geschlagen ab.

Die Versammlung löst sich auf. Übrig bleiben nur Axe, Basti, Pia und ich. Im Vorbeigehen sagt Pia noch: „Du hast dich verändert." Dann ist sie weg.

„Alter, ich glaub, die steht auf dich!", gibt Basti seinen Senf dazu. „Die heißeste Braut im Bau!"

„Hast du gesehen, wie sie dich anhimmelt?", legt Axe noch eins drauf.

„Was ist jetzt mit der „Geschenks"-Person?", versuche ich, das Gespräch in eine andere Richtung zu lenken.

„Folgendes habe ich mir überlegt ...", beginnt Axe zu erklären, während wir den Heimweg antreten.

22. Wer ist der/die Glückliche?

Mama weint Freudentränen, als ich ihr von dem Vorfall in der Schule erzähle. Sie versucht, mich schon wieder in den Arm zu nehmen. Nach einem ausgiebigen Mittagessen verabschiedet sie sich. Die Arbeit ruft. Heute muss sie die zweite Schicht übernehmen für eine Kollegin, die krank geworden ist. Mama arbeitet als Küchenhilfskraft im Viersterne Hotel „Zum goldenen Schwan". Es ist im ganzen Bezirk, und darüber hinaus, bekannt für seinen leckeren Schweinsbraten. Die Arbeit ist hart, die Bezahlung schlecht, aber dafür sind der Chef und die Kollegen nett. Mama hat davor in einer großen Firma als Reinigungsdame gearbeitet. In St. Pölten. Sie ist eine fleißige Frau.

„Ich möchte dir ein gutes Leben bieten. Es soll dir an nichts fehlen", hat sie mir schon oft gesagt. Tatsache ist aber, dass wir nicht viel Geld haben.

Dank der Unterhaltszahlungen meines Vaters kommen wir so recht und schlecht über die Runden. Ich besitze nur wenige Markenklamotten. Die wenigen, die ich habe, trage ich so lange, bis sie sich fast auslösen. Mein Opa, der leider vor ein paar Jahren gestorben ist, hat einmal gesagt: „Das Leben ist hart wie Granit. Pass auf, dass du dir daran nicht die Zähne ausbeißt!" Damals fand ich den Spruch lustig. Mittlerweile verstehe ich den Sinn dahinter. Meine Oma ist im Altersheim. Das letzte Mal habe ich sie in den Sommerferien gesehen. Sie ist schon sehr alt und ziemlich durch den Wind. Ihr Gedächtnis verschwindet immer mehr. „Demanns[1]" heißt die Krankheit, oder so ähnlich. Auf jeden Fall tut sie mir leid. Es muss total schlimm sein, wenn man die eigene Familie, die Tochter, nicht mehr wiedererkennt. Ich glaube, Mama leidet darunter. Sie besucht Oma einmal im Monat. Glücklich schaut sie danach nie aus. Oma ist ein freundlicher Mensch. Vor ein paar Jahren waren wir einmal zu Weihnachten bei meinen Großeltern eingeladen. Sie hat mir Kaiserschmarrn gekocht und mir ein Kuvert mit 150 Euro unter den Christbaum gelegt. Das war so nett von ihr! Wo sie doch selber kaum genug zum Leben hatte. Opa und Oma mochten mich so, wie ich bin. Bei Opas Beerdigung musste ich

---

1 richtig: Demenz

heulen. Ich vermisse ihn jedes Mal, wenn ich an ihn denke. Er hat mir kurz vor seinem Herzinfarkt seine gesamte Modellautosammlung geschenkt. In meiner Glasvitrine halte ich sie in Ehren. Opa war ein fanatischer Mercedes-Fan. Fast sein ganzes Leben arbeitete er in einer Autowerkstatt, die auf Mercedes spezialisiert war. Er wusste alles über Autos! Oma musste nach Opas Tod seinen geliebten Mercedes-Oldtimer verkaufen. Gut, dass Opa das nicht mehr mitbekommen hat. Diese Karre war sein Ein und Alles. Manchmal hat er mich mitgenommen auf so ein Oldtimertreffen. War lustig und interessant. Opas Augen strahlten. Er fühlte sich wieder wie 20. Das hatte er zumindest behauptet.

„Tschüss Georg! Ich komme heute spät nach Hause!", informiert mich Mama und zieht die Wohnungstür hinter sich zu.

14:45 Uhr. Ich hole die Blechschachtel unter meinem Bett hervor. Noch schnell in die Schuhe und schon bin ich auf dem Weg zu Axe. Ein komisches Gefühl, mit so viel Kohle unter dem Arm in der Öffentlichkeit herumzuspazieren!

Ding-Dong! Axes Bruder Felix öffnet die Tür. Er verschwindet, ohne ein Wort zu sagen. Nichts Neues. Axe und Basti erwarten mich schon ungeduldig.

„Schieß los, Axe. Wer bekommt jetzt den Schatz?",
möchte ich endlich wissen.

„Die Person hat es dringend nötig. So viel kann ich
euch verraten." Axe liebt es, Dinge unnötig in die
Länge zu ziehen.

„Alter, rede endlich!", schimpft Basti, dem langsam
der Geduldsfaden reißt.

„Okay. Habt ihr schon mal die neue Familie gesehen, die bei uns im Erdgeschoß eingezogen ist?"

„Nein."

„Die Grubenwegers haben ein behindertes Kind
im Rollstuhl. Vor zwei Tagen konnte ich zufällig ein
Gespräch zwischen dem Mann und seiner Frau im
Treppenhaus mitlauschen. Unter anderem fielen
Worte wie ‚Einen neuen Rollstuhl können wir
uns nicht leisten!'. Daraufhin habe ich Rollstühle
gegoogelt. Ratet mal, wie viel so ein Rolli kostet?"

„Keine Ahnung?"

„Ein halbwegs Brauchbarer kostet 3.000 Euro auf-
wärts. Unglaublich, oder?"

„Das hätte ich nicht gedacht!", sind Basti und ich
uns einig.

„Meine Idee wäre, dieser Familie das Geld zu
schenken", schließt Axe seinen Gedankengang ab.

„Bin dabei. Wie sieht's mit dir aus, Basti?"

„Geht klar, Mann. Find ich klasse!"

Nach einer kleinen Diskussion und anschließender Abstimmung beschließen wir, mit zwei von drei Stimmen, das Geld anonym zu spenden. Basti ist für eine persönliche Übergabe. Axe und ich meinen jedoch, dass die hohe Geldsumme für dumme Fragen sorgen könnte. Egal, die Mehrheit entscheidet. Ich stecke die Geldscheine in einen Umschlag. Wir überlegen, eventuell noch eine Nachricht hinzuzufügen. Nachdem wir uns aber nicht einig werden, belassen wir es bei den Geldscheinen.

„Was machen wir jetzt mit dem Kuvert?"

„Am besten werfen wir es in den Briefkasten!"

„Die werden Augen machen", freut sich Axe, der den Umschlag an sich nimmt. „Folgt mir, Männer!"

Voller Tatendrang und gutem Gewissen nehmen wir den Aufzug nach unten. Total „unauffällig" sehen wir uns nervös um. Nachdem die Luft rein ist, wirft Axe das Geld in den Briefkasten.

„Scheiße!", flucht er auf einmal. „Ich habe das falsche Brieffach erwischt!"

„Das ist jetzt aber nicht dein Ernst, Alter?", erwidert Basti entsetzt.

„So eine Kacke!", kommentiere ich. „Wir müssen den Umschlag irgendwie wieder herausbekommen."

„Ich gehe schnell rauf in die Wohnung. Ich hol einen Schraubenzieher."

Fünf Minuten später bricht er mit dem Werkzeug den falschen Briefkasten auf. Basti und ich stehen Schmiere, was mich an frühere Straftaten erinnert.

„Wir machen es jetzt anders", meint Axe. „Ich werde den Umschlag unter die Wohnungstür der Grubenwegers schieben."

Vor der Wohnungstür nimmt Axe einen Kugelschreiber aus seiner Hosentasche und schreibt noch etwas auf den Umschlag. Das war so nicht ausgemacht: *Liebe Grüße vom Weihnachtsmann! Ho, ho, ho!*

„Du bist so deppert!", flüstert Basti, der insgeheim kichern muss.

„Und tschüss!", sagt Axe, während er den Umschlag unter die Tür schiebt. Wir laufen aus dem Block. Noch lange lachen wir über Axes geschriebene Nachricht.

„Es wäre cool, die Familie beim Öffnen des Umschlages zu beobachten."

„Allerdings."

„Ich muss los, Jungs. Wir sehen uns morgen!"

„Ciao!"

Mit einem guten Gefühl gehe ich nach Hause. Geben macht glücklicher als nehmen! Der Spruch kommt mir in den Sinn. Es stimmt! Fühlt sich total geil an!

23. Love is in the Air

Ich kann es kaum erwarten, morgen in die Schule zu gehen. Die Sehnsucht nach Pia verzehrt mich. Haben meine Freunde recht? Steht sie auf mich? Falls ja, weiß ich nicht, wie der nächste Schritt aussehen soll. Ich hatte noch nie eine Freundin. Wie geht das? Was ist, wenn ich alles vermassle?

Mama kommt nach Hause. Es ist schon 22:30 Uhr. Ich stelle mich schlafend, als meine Zimmertür aufgeht. Die Gedanken drehen sich wie ein Karussell! So gegen 02:00 Uhr morgens schlafe ich erschöpft ein.

Mit einem blöden Schädel wache ich auf. Ich bin total gerädert und gereizt. Mama macht mir auch noch Vorwürfe, dass die Küche wie Sau aussieht. Ja, ich geb's zu. Ich hatte gestern keinen Bock mehr auf Saubermachen, nachdem ich mir noch eine große Portion Spaghetti gemacht hatte. Sie drängt mich, aufs Gas zu steigen. Die Zeit läuft mir davon. Axe wartet bestimmt schon auf mich. Ohne die Zähne zu putzen, fetze ich das Treppenhaus hinunter. Ich hasse Stress am Morgen! Wie befürchtet bombardiert mich Axe mit Vorwürfen wegen meiner Unpünktlichkeit. Ich bitte ihn tausendmal um Verzeihung. Je näher wir dem Schulgebäude kommen, desto mehr steigt mein Puls. Pia, oh Pia! Ich versuche, mir nichts anmerken zu lassen. Dennoch checkt Axe was los ist.

„Und, freust du dich schon auf deine Herzensdame?"

„Alter, mich hat's voll erwischt!"

„Was hast du jetzt vor?"

„Keine Ahnung. Aber ich will's nicht vermasseln. Verstehst du?"

„Glaub mir, das kannst du gar nicht."

„Warum?"

„Ganz einfach, sie steht auf dich. Entspann dich, Romeo. Deine Julia wartet schon auf dich", scherzt Axe.

Er hat recht! Wenn sie mich liebt, kann ich ja wirklich nichts mehr falsch machen! Ich komme, meine Julia! Dein Romeo ist unterwegs!

Wir sind angekommen. Ich suche Pia. Wo ist sie? Ich kann sie nicht finden! Dem Unterricht kann und will ich heute nicht folgen. Kann es sein, dass man jemanden so sehr liebt, dass es schon weh tut? Falls nicht, bin ich der Erste, dem es so geht. Erste Pause. Pia ist wie vom Erdboden verschluckt. Zweite, dritte, große Pause. Keine Spur von ihr. Ich war schon in allen Stockwerken und Gängen. Verzweifelt frage ich meine Mitschüler, ob sie Pia heute schon gesehen haben. Niemand kann mir weiterhelfen.

Mit gesenktem Kopf, völlig fertig mit den Nerven, traurig bis zum Anschlag latsche ich den Gehsteig entlang. Am liebsten möchte ich niemanden sehen, mich einfach in ein Erdloch verkriechen. Zu Hause bekomme ich keinen Bissen runter. Schließlich durchschaut mich auch Mama. „Liebeskummer, hm?" Das Ganze ist mir unbeschreiblich unangenehm und peinlich.

„Bitte, Mama. Ich möchte nicht darüber reden."

„Schon gut, schon gut", beruhigt sie mich. „Übrigens, Thomas kommt heute noch vorbei."

Na super!

Ich liege im Bett. Tränen laufen mir übers Gesicht. Plötzlich klopft es an meiner Zimmertür. Ein Spalt öffnet sich. „Hi, Georg. Darf ich reinkommen?" Es ist Thomas.

„Okay."

„Ich kann nachvollziehen, wie es dir gerade so geht." Echt jetzt? Mama hat natürlich den Mund nicht halten können. Sie hat Thomas von meinem Liebeskummer erzählt. Danke für nichts! Thomas beginnt mir von seinen Erfahrungen als Teenager zu berichten. Von seiner ersten großen Liebe, die nicht erwidert wurde. Er ist nett. Ich erzähle ihm von Pia. Thomas gibt mir ein paar Tipps, die Sinn machen. Er schafft es am Ende sogar, mich aus meiner „Höhle" zu holen. Ich bekomme doch das Essen runter. Mit vollem Magen fühle ich mich wieder besser.

Am nächsten Schultag treffe ich endlich Pia in der Garderobe. Sie steht mit dem Rücken zu mir. Ich pirsche mich an, atme durch und denke an Thomas' Ratschläge: „Hi, Pia!"

„Hi, Orgy!"

„Ich hab dich gestern gesucht."

„Ich weiß. Hab dich gesehen. Bin dir aber ausgewichen."

„Warum?"

„Ich mag dich."

Und da sind sie wieder: die 10.000 Volt. Meine Hände schwitzen, meine Knie sind weich, mein Hals ist trocken.

„Ich, ich mag dich auch", stottere ich. Wie angewurzelt stehe ich vor ihr.

„Ich muss los. Sehen wir uns später?", fragt sie und sieht mich dabei mit ihren blauen Augen an.

„Ja, gerne." Sie drückt mir einen kleinen Zettel in die Hand. Danach verschwindet sie hinter der Klassentür.

24. Zeit

Mathe. Deutsch. Englisch. Die schulische Dreifaltigkeit. Super, wenn man bis zum nächsten Tag in allen Hauptfächern Hausaufgaben zu erledigen hat! Mein Motto beim Lernen war bisher:

Vier gewinnt! Widerwillig, aber fest entschlossen, mich schulisch zu verändern, bringe ich es hinter mich. Bestimmt ist in Mathe mehr als die Hälfte der Rechnungen falsch. Trotzdem! Gemacht ist gemacht! Zumindest kassiere ich kein Minus. Unbedingt möchte ich den „positiven Aufwärtstrend" fortführen.

So kommentierte der Direktor mein reifes Verhalten gegenüber Richie: „Georg, ich habe von deiner Auseinandersetzung mit Richard Baumann gehört. Ich freue mich für dich und deine Mutter. Mach weiter so! Den Lehrern fällt auf, dass sich deine Mitarbeit sowie deine schriftlichen Leistungen verbessert haben." Er faselte dann noch irgendwas vom Zeugnis, das später bei der Jobsuche wichtig ist. Blablabla. Auf jeden Fall hat er mich gelobt anstatt der üblichen Moralpredigten. Apropos Predigten! Mir fällt gerade ein, dass ich heute meine zweite Sitzung beim Vogeldoktor habe.

Axe und Basti begleiten mich auch dieses Mal. Thema während der Busfahrt ist Pia.

„Und? Habt ihr schon geknutscht?", zieht mich Basti auf.

„Nein. Sie hat nur gesagt, dass sie mich mag. Sie hat mir ihre Nummer gegeben."

„Hast du sie schon angerufen?"

„Noch nicht. Hatte noch keine Zeit."

„Du Idiot! Wieso lässt du sie warten?", schimpft mich Axe. „Bestimmt schaut sie gerade auf ihr Handy und fragt sich, warum du Hornochse nicht anrufst!"

„Ich werde sie eh noch anrufen!", verteidige ich mich. Ich lenke das Gespräch in andere Bahnen: „Gibt's was Neues von den Grubenwegers?"

„Leider nein. Hab niemanden gesehen in letzter Zeit."

„War voll geil, unsere Weihnachtsmann-Nummer", findet Basti. Wir beginnen wieder zu lachen.

Beim Vogeldoktor angekommen, wartet Herr Vogelhauer bereits auf mich im Warteraum. Nach einer kurzen Begrüßung gehen wir in die „Folterkammer". So nennt Axe den Raum spaß-halber.

„Georg, erzähl mir ein wenig von der letzten Woche. Wie ist es dir gegangen?" Ich berichte ihm von meiner gewaltfreien Auseinandersetzung mit Richie und von meiner neuen Flamme Pia. Herr Vogelhauer hört mir einfach zu. Er erinnert mich an Joe, der mir mittlerweile ein guter Freund und Ratgeber geworden ist.

„Das ist fantastisch!", hält der Psychologe fest. „Du hast viele gute Entscheidungen getroffen. Aber ..."

Was meint er denn jetzt damit? Wieso aber?

„... bedenke, dass deine Wut trotzdem noch da ist. Ich möchte dich auf eine Reise in die Vergangenheit mitnehmen. Wir wollen gemeinsam bis zum Kern des Problems vordringen. Den Auslöser für deine Trauer suchen und dich somit Stück für Stück heilen. Das Ziel ist ein Leben ohne verdrängte Aggression. Du sollst und wirst frei sein davon. Vorausgesetzt du möchtest das auch."

„Sicher!"

„Gut. Sei dir aber bewusst, dass Heilung nicht von heute auf morgen passiert. Du brauchst Geduld und Zeit. Ich werde dich dabei anleiten und unterstützen. Es kann sein, dass du Rückschläge erlebst. Tage werden kommen, an denen du das Gefühl hast, dass das alles nichts bringt. Halte trotzdem den Kurs und konzentriere dich auf das Ziel!"

Ich vertraue ihm. Der nette Therapeut erklärt mir, dass mein Hauptproblem mein fehlender Vater ist. Ja, es tut jedes Mal verdammt weh, über ihn nachzudenken. Gleichzeitig spüre ich Wut und Aggression. Abschließend gibt mir Herr Vogelhauer noch eine Aufgabe mit auf den Weg: „Schreibe einen Brief an deinen Vater. Schildere ihm deine Wut und Sehnsucht, alles was dir dazu einfällt. Beende den Brief mit folgenden Worten: ICH VERZEIHE DIR!" Die Aufgabe klingt zunächst nicht kompliziert. Später wird sich aber herausstellen, dass dem nicht so ist.

25. First Date

Mama ist nicht da. Sie ist in der Arbeit. Das Gespräch in der „Folterkammer" geht mir durch den Kopf. Ich bin aufgewühlt und fühle mich etwas unsicher.

Pia wartet wahrscheinlich schon den ganzen Nachmittag auf einen Anruf von mir. Ich feige Nuss trau mich nicht sie anzurufen. Ich entscheide mich vorerst, ihr eine Nachricht zu schreiben: *Hi, Pia. Tut mir leid, dass ich mich erst jetzt bei dir melde. War noch beim Therapeuten.*

Nicht einmal eine Minute später bekomme ich eine Nachricht von ihr: *Hi. Ich möchte dich sehen. Können wir uns treffen? MCI, 17:00 Uhr?*

Ich schreibe zurück: *OK. Bis gleich.* Mein Herz tanzt vor Freude. Ich hab's geschafft! Ich habe ein Date mit meiner Angebeteten! Duschen, Zähneputzen, Haargel! Hektisch und schon wieder nass unter den Achseln, ziehe ich frisch geduscht mein Lieblings-T-Shirt an. Und gleich wieder aus, da ich die doppelte Schicht Deo vergessen habe. Seit ein paar Monaten stinke ich wie ein Misthaufen. Theoretisch müsste ich jede Stunde mein T-Shirt wechseln, was aber praktisch unmöglich ist. Total überdreht und nervös verlasse ich die Wohnung. Es ist 16:30 Uhr. Vor lauter Aufregung gehe ich in die falsche Richtung, was ich aber rasch korrigiere. Der nächste MCI ist von unserem Viertel aus zu Fuß erreichbar. Etwa zehn Minuten. Bis jetzt war ich nur selten dort. Meine Freunde und ich finden die Preise total überzogen. Das ist mir heute aber komplett egal. Ich würde mich mit Pia sogar in einem Haifischbecken treffen. Hauptsache ich kann mit ihr zusammen sein. Die berühmten Schmetterlinge flattern wild in meinem Bauch. Besser gesagt: 50 Düsenjets!

Ich bin 20 Minuten zu früh im Lokal. In der Hoffnung, Pia zu erblicken, sehe ich mich um. Fehlanzeige! Naja, ich bin auch viel zu bald. Axe hat mir den Tipp gegeben, etwas früher beim ersten Date zu erscheinen. Macht einen guten ersten Eindruck, behauptet er. Ich wähle einen Platz am Fenster, ganz hinten im Eck. Dort sind wir ungestört. Ich blicke immer wieder auf meine Armbanduhr. Normalerweise kaue ich nicht an meinen Nägeln. Heute schon.

Fünf Minuten danach betritt Pia das Lokal. Besser gesagt, sie erscheint! Ihr engelblondes, langes Haar, ihr wunderschönes Gesicht ... Ich komme aus dem Schwärmen nicht mehr heraus. Sie kommt auf mich zu. „Hi!", sagt Pia und nimmt Platz.

„Hi, Pia! Willst du was essen?", frage ich. In diesem Moment fällt mir nichts Besseres ein.

„Nein, nur eine Coke."

„Ich hol dir eine!", biete ich ihr an. Ich lasse voll den Gentleman raushängen. Mit zwei Bechern komme ich zurück.

Pia beginnt zu erklären: „Weißt du, früher konnte ich dich nicht ausstehen. Aber seit einiger Zeit bist du so anders. Ich mag deine neue Seite. Was hat dich so verändert?"

Ich starte einen langen Monolog. Ähnlich wie bei Joe im Taxi. Nachdem ich fertig bin, ist Pia an der Reihe: „Ich kenne zwar meinen Vater, aber ich lebe ohne ihn, mit meiner Mutter und meiner kleinen Schwester Julia. Wir haben eine kleine Wohnung. Mein Vater holt Julia und mich zweimal im Monat ab. Wir verbringen einen Tag mit ihm."

Wir reden und reden. Dabei übersieht sie komplett die Zeit. „Oh, Mist!", ruft Pia entsetzt. „Es ist schon spät! Ich muss los!"

Ich biete ihr an, sie nach Hause zu begleiten. Gemeinsam gehen wir zu ihrem Wohnblock, der übrigens nicht so weit von meinem entfernt ist. Zwar am anderen Ende, aber im gleichen Viertel.

„Sehen wir uns morgen?", frage ich erwartungsvoll.

„Sehr gerne!", lächelt sie zurück und umarmt mich. Wohoho! Mir fehlen die Worte für dieses unbeschreibliche Gefühl! Meine Achseln öffnen ihre Schleusen. Sie lassen einem gewaltigen Fluss an Schweiß freien Lauf! „Bis dann!", flüstert mir Pia mit ihrer süßen Stimme ins Ohr.

26. Brief an Papa

Den ganzen Abend schwebe ich auf „Wolke 7". Mein Traum mit Pia ist real geworden. Es fühlt sich alles unwirklich an. Wie in einem Fantasyfilm. Ich schreibe Pia am Handy: *Gute Nacht.*

Sofort bekomme ich eine Nachricht zurück: *Schlaf gut! Es war schön, mit dir Zeit zu verbringen.* Noch lange liege ich wach. Mama kommt um 23:00 Uhr nach Hause. Sie schläft noch vor mir ein.

Samstag, 10:30 Uhr. Ich öffne meine Augen. Endlich Wochenende! Ich denke an Pia. Das gestrige
Gespräch mit ihr geht mir durch den Kopf. Mann,
sie ist so wunderschön!

Für heute habe ich mir vorgenommen, den Brief
an Papa zu schreiben. Das ist rasch erledigt! Ich
nehme ein Blatt Papier in die Hand und einen
Kugelschreiber. Das Schreiben des Briefes habe
ich mir leichter vorgestellt.

Meine fünfte Version lautet:

Hallo Papa!

*Ich kenne dich nicht. Ich kann mich auch nicht an dich
erinnern. Du bist ein Fremder für mich. Außer einem
Foto, habe ich nichts von dir. Weißt du eigentlich,
wie Scheiße sich das Ganze für mich anfühlt? Von
meinen Freunden hat jeder einen Vater, auch wenn
er vielleicht nicht im selben Haus wohnt. Trotzdem
sehen alle ihren Papa von Zeit zu Zeit. Du hingegen
bist einfach verschwunden. Im Stich hast du mich
gelassen! Du bist ein Versager! Liegt es an mir? Was
genau hasst du so an mir? Nicht einmal einen Brief
möchtest du mir schreiben? Warum schließt du mich
aus deinem Leben aus? Ich hasse dich dafür! Und*

gleichzeitig würde ich dich gerne mal kennenlernen. Du bist schuld an meinen Schlägereien! Alles wegen deiner Ablehnung! Du hast mich verletzt! Es tut weh, wenn ich an dich denke. Du hast mein Leben zerstört! Ich muss sogar zum Therapeuten wegen dir! Wo bist du? Ich habe so viele Fragen an dich! Gerne möchte ich dich umarmen! Gleichzeitig will ich dir eine reinhauen! Ich wünsche mir, dass du mir zeigst, dass du mich magst, dass ich dir wichtig bin! Du bist mein Papa! Aber du gibst mir das Gefühl, dein Feind zu sein.

ICH VERZEIHE DIR!

Mama kocht in der Küche. „Erzähl mir was von Papa", überrasche ich sie von hinten.

„Warum gerade jetzt? Du hast mich noch nie gefragt?"

„Doch, Mama! Du bist mir aber immer ausgewichen. Ich möchte hier und jetzt alles über ihn wissen!", fordere ich mit Nachdruck.

„Nach dem Essen, okay?", vertröstet sie mich.

Wir machen einen Spaziergang im Viertel. Sie erzählt mir von früher. Darüber, dass Papa immer gerne mit mir gespielt hat. „Er war ein lustiger Mensch. Aber dann kam die Krankheit." Sie erklärt mir, dass Papa zunehmend depressiver wurde und deshalb auch in Behandlung war. „Er zog sich mehr und mehr zurück. Schließlich verließ er uns."

„Wo lebt er jetzt?", möchte ich wissen.

„Georg, ich weiß nicht, ob das so eine gute Idee ist."

Ich lasse nicht locker. Widerwillig rückt Mama mit der Info raus.

„Er wohnt in Wien?", wundere ich mich. „Und ich dachte er ist irgendwo weit weg von uns! Ich möchte ihn treffen!"

Das missfällt Mama. Papa hätte mich schon genug verletzt, meint sie. Trotzdem schafft sie es nicht, mir mein Vorhaben auszureden. „Schreib ihm einen Brief. Dann kannst du ja sehen, ob er darauf reagiert."

Mein Brief, Version fünf, landet in einem Kuvert mit Papas Adresse. Zusätzlich füge ich folgende Zeilen hinzu:

Falls du mich treffen möchtest: nächste Woche Sonntag, 15:00 Uhr, Blumengasse. Dort ist ein kleiner Park mit einem Brunnen. Ich warte dort auf dich.

Den Brief werfe ich in den Postkasten unten bei Wohnblock 6, der täglich geleert wird. Eigentlich hat Herr Vogelhauer gemeint, dass ich den Brief nur für mich selbst schreiben soll. Egal. Ich will es drauf ankommen lassen.

Pia und ich sind jetzt zusammen. Die nächsten Tage wird unsere Beziehung intensiver. Wir gehen Hand in Hand spazieren. Axe und Basti freuen sich für mich. Heute Nachmittag treffen wir uns zu viert bei Axe. Wir wollen gemeinsam auf der Playsi zocken und Spaß haben.

Als wir uns dem Wohnblock 4C nähern, sehe ich ein Kind im Rollstuhl. Das muss es sein! Ich nehme den Rollstuhl unter die Lupe und stelle fest, dass er neu aussieht. Ein Grinsen breitet sich aus in meinem Gesicht.

„Was ist denn?", fragt mich Pia.

„Erzähl ich dir später", antworte ich und küsse sie auf die Wange. Oben in Axes Wohnung verkünde ich den Jungs, was ich gesehen habe. Pia wird auch eingeweiht in unsere Geschenk-Aktion. Sie findet das übrigens total cool. Axe hat den neuen Rolli schon vor uns gesehen. Davon hat er aber nichts erzählt. Dafür kassiert er von Basti einen Faustschlag auf die Schulter. „Aua!" Bei der Gelegenheit weihe ich Axe und Basti in mein Vorhaben, bezüglich Papa, ein. Ich erzähle ihnen von dem Brief und dem möglichen Treffen nach so vielen Jahren.

„Alter, wir begleiten dich natürlich!", sind sich die beiden einig.

„Und was machst du, wenn er nicht kommt?"

„Keine Ahnung!"

Nach einer Stunde Online-Zocken schlägt Pia vor, auf ein Eis zu gehen. Bei uns im Viertel gibt es einen Eissalon, „Enricos Gelato", der extrem leckeres Eis macht. Axe kann sich wieder einmal nicht für eine Sorte entscheiden. Er bestellt sich einen Becher mit fünf verschiedenen Eissorten. Wie kann man so viel Eis essen? Mir wäre so was von schlecht!

27. Das Treffen

Der „Papa"-Tag kommt immer näher. Zweifel sind meine ständigen Begleiter. Mama macht mich zusätzlich noch unsicher. Sie versucht ständig, mich von meinem Vorhaben abzubringen. Sie meint, ich könnte in ein tiefes Loch fallen, wenn Papa nicht erscheint. Ich solle mir nicht allzu große Hoffnungen machen.

„Bitte, geh nicht!", fleht mich Mama an. „Er wird nicht kommen! Ich kenne ihn!"

Ich schalte auf Durchzug. Unten warten schon Pia, Axe und Basti auf mich.

„Und? Bist du bereit?", wollen sie von mir wissen.

„Ja, lasst uns gehen!" Bis zur Blumengasse sind es knapp fünf Minuten. Wir gelangen in den Park. Pia sieht den Brunnen: „Sollen wir gemeinsam mit dir warten, oder willst du alleine sein?"

Ich entscheide mich für Ersteres. Es ist kurz vor 15:00 Uhr. Die Spannung steigt. Schweiß bedeckt meinen Körper. Ich habe Angst, dass er nicht kommt. Und davor, dass er kommt. Was soll ich ihm bloß sagen? Wie verhält man sich in so einer Situation? Die Zeit vergeht. Kein Lebenszeichen von Papa. 15.10 Uhr, 15.20 Uhr. Hat Mama doch recht gehabt? Meine Freunde werden unruhig.

„Ich denke, er kommt nicht", beurteilt Axe nüchtern die Sachlage. „Es tut mir leid, mein Freund."

Ich kämpfe mit den Tränen. Pia erkennt meine Verzweiflung. Sie möchte mich trösten, kommt auf mich zu und umarmt mich. Auf einmal werde ich voll aggressiv, stoße Pia von mir weg: „Verpisst euch! Ich will euch nicht mehr sehen!" Ich beschimpfe sie so lange, bis sie endlich begreifen, dass ich es ernst meine.

Eine lange Zeit sitze ich noch auf der Bank vor dem Brunnen. Ich weine bitterlich. Hass und Wut sind das einzige, was ich in diesem Moment fühle. Ich verstehe die Welt nicht mehr. Alles erscheint mir sinnlos. Mein Leben. Es ist ein Trümmerhaufen, ein nutzloses Dasein. Ein schwarzes Loch ist in mir. Es beginnt mich mehr und mehr zu verschlingen. Wo bist du Papa? Warum tust du mir das an?

Mama hört mich bereits unten bei der Eingangstür. Ich knalle die Tür zu und fluche so laut ich kann. Sie beginnt zu weinen, als ich die Wohnung betrete. Auch meine Zimmertür schlage ich zu. Den restlichen Tag komme ich nicht mehr heraus. Mama versucht alles, um mich zu beruhigen. Vergebens.

Mehrere Male probiert mich Pia zu erreichen. Ich nehme nicht ab.

28. Spiel mit dem Feuer

Na toll! Auch das noch! Montagmorgen. Auf Schule habe ich heute wirklich keinen Bock. Hundemüde bleibe ich liegen. Mama zerrt mich schließlich aus dem Bett. Meine Arme und Beine sind schwer wie Blei. Ich habe alles verloren. Pia, meine Freunde, Papa ... Niemand mag mich. Ich bin einfach ein Scheißkerl. Pia hatte damals recht. Ich bin nicht nett, sondern wild und aggressiv. Das ist meine Natur. Ich habe mich in letzter Zeit verbogen. Wofür eigentlich?

Ich komme zu spät in die Schule. Axe ist heute auch nicht da gewesen, um mich abzuholen. Kein Wunder bei dem, was ich ihm gestern gesagt habe. Herr Heinze fragt mich, warum ich erst jetzt in den Unterricht komme. Ohne ein Wort zu sagen, setze ich mich auf meinen Platz. Er bohrt nach. Ich werde zornig: „Halt die Fresse!" Entsetzt sieht er mich an: „Du gehst zum Direktor!"

Der Direktor bittet mich Platz zu nehmen. „Warum bist du bei mir?", fragt er mich. Ich antworte ihm nicht. „Hör zu, Georg! In letzter Zeit bemühst du dich sehr. Das ist positiv. Ich bin mit deiner Mutter in Kontakt. Sie hat mir heute Morgen eine E-mail geschrieben. Ich weiß, dass du gestern eine große Enttäuschung erlebt hast. Versuche trotzdem, auf dem guten Weg zu bleiben. Ich glaube weiterhin an dich! Komm, wir gehen zu Herrn Heinze. Du entschuldigst dich bei ihm. Ich werde später mit ihm reden."

Widerwillig folge ich seiner Aufforderung. Der Direktor holt Herrn Heinze aus dem Unterricht. Im Gang entschuldige ich mich bei ihm.

Nach dem Unterricht sehe ich Basti, Axe und Pia. Sie unterhalten sich vor der Eingangstür. Sie ignorieren mich, als ich an ihnen vorübergehe. Zum ersten Mal nach dem Umzug von St. Pölten fühle ich mich wieder einsam. Traurig mache ich mich vom Acker und trotte heim.

Mama hat Kaiserschmarrn gekocht. Ein paar Bissen schaffe ich, danach lege ich mich in mein Bett und schmolle.

15.00 Uhr. Ding-Dong. Es läutet an der Tür. Mama öffnet: „Georg, Besuch ist da!" Ich höre Schritte, die sich meinem Zimmer nähern. Es klopft. Axe steckt seinen Kopf herein: „Hey, Alter. Komm! Ich habe eine Überraschung für dich!" Mit viel Überredungskunst bringt er mich dazu, ihm bis zu seiner Wohnung zu folgen.

Alle sind gekommen. Pia fällt mir um den Hals. Basti klopft mir auf die Schulter: „Schön dich zu sehen, Mann!" Axes Mama bringt uns Chips und Cola. Die Playstation wird eingeschaltet. „Zocken hilft immer", erklärt Axe, der mir einen Controller in die Hand drückt.

Ich kämpfe mit den Tränen, weil ich mich gemocht und angenommen fühle. Pia sitzt neben mir. Sie hält meine Hand. Meine ausfälligen Bemerkungen haben sie mir alle verziehen. Es ist schön, solche Freunde zu haben.

Am Abend verkündet Mama, dass Thomas morgen seinen Sohn Robert mitnehmen wird. Meine Begeisterung hält sich in Grenzen. Ich weiß zwar, dass Robert gerne zockt, aber das ist auch schon alles.

Ich nehme mir vor, Joe anzurufen. Es ist schon länger her, dass wir voneinander gehört haben. Nach dem Abendessen suche ich seinen Namen in den Telefonkontakten. Joe hebt ab. Er freut sich, meine Stimme zu hören. Ich bringe ihn auf den neuesten Stand. Die Sache mit Papa tut ihm sehr leid. Mit seiner gewohnt sanften Stimme macht er mir Mut, meinen Weg weiterzugehen. Joe redet auf mich ein, die Therapie bei Herrn Vogelhauer nicht abzubrechen. Eine halbe Stunde quatschen wir. „Gib dir Zeit zur Veränderung!", schließt er das Gespräch ab. „Wir hören uns bald wieder!"

Ich lasse den Tag in meinen Gedanken noch einmal Revue passieren. Danach schlafe ich ein.

29. Robert

Heute Nachmittag besuchen uns Thomas und sein Sohn. Robert habe ich mir anders vorgestellt. Tatsächlich ist er ein cooler Typ. Sein Style: kurze gegelte Haare, ausgewaschenes T-Shirt, zerrissene Jeans, Sneakers. Er ist schlank, sportlich und hat eine festsitzende Zahnspange.

„Hi! Ich bin Robert", stellt er sich vor.

„Hi!" Wir gehen in mein Zimmer. Ich zeige ihm meine Modellautosammlung, von der er ziemlich beeindruckt ist.

„Hat mir mein Opa geschenkt", erkläre ich ihm stolz.

„Ich hab auch ein paar Modelle zu Hause", berichtet Robert. Als er meine Playstation bemerkt,

ist der weitere Verlauf des Nachmittags vorprogrammiert.

„Ich kann ihn gut leiden", antworte ich auf Mamas
Frage, nachdem die beiden sich bereits auf den
Heimweg gemacht haben.

„Das freut mich sehr, Georg!"

Thomas und sein Sohn kommen jedes Wochenende
zu uns. Robert ist ein Teil unserer Clique geworden.
Wir sind nun zu fünft: Axe, Basti, Robert, Pia und
ich. Gemeinsam verbringen wir jede freie Minute.
Mit Thomas komme ich auch gut klar. Er ist nett
und behandelt mich nicht wie das dritte Rad am
Wagen.

30. Ausblick

Mama wird Thomas in zwei Jahren heiraten.
Ich werde eine Lehre im Hotel „Zum goldenen
Schwan" als Koch und Kellner beginnen. Mit Pia
werde ich dann immer noch zusammen sein. Axe
wird eine HTL besuchen, Basti eine Lehre als KFZ-
Techniker starten. Meinen Vater werde ich immer
noch nicht getroffen haben. Die Therapie bei
Herrn Vogelhauer wird abgeschlossen sein. Joe
werde ich in Wien treffen. Raffael wird aus dem

Bau entlassen. Was die weitere Zukunft sonst noch alles bringen wird?

Auf jeden Fall fühle ich mich großartig!!!

1. Auflage 2021
© 2021 Herramhof Verlag,
Dr. Andrea Benedetter-Herramhof, St. Florian

Text & Illustrationen: Philipp Haimel
Lektorat: Margit Sulzer
Coverfoto: slightly_different, Pixabay
Graphische Gestaltung: Gerold Wagner

Druck: Plöchl Druck GmbH, Freistadt
*Gedruckt mit 100 % Ökostrom und mineralölfreien Druckfarben
auf chlorfrei gebleichtem Papier*

Verlag: Herramhof Verlag

ISBN: 978-3-903147-18-8